LIBRO DE COCINA DE LA COCINA PERFECTA

100 recetas sencillas y deliciosas

Susana Flores

Material con derechos de autor ©2024

Reservados todos los derechos

Ninguna parte de este libro puede usarse ni transmitirse de ninguna forma ni por ningún medio sin el debido consentimiento por escrito del editor y del propietario de los derechos de autor, excepto las breves citas utilizadas en una reseña. Este libro no debe considerarse un sustituto del asesoramiento médico, legal o de otro tipo profesional.

TABLA DE CONTENIDO

TABLA DE CONTENIDO...3
INTRODUCCIÓN..7
DESAYUNO...8
  1. Pan de nueces y arándanos..9
  2. Panqueque austriaco rallado (Kaiserschmarrn)...........12
  3. Yogur con Cereales y Fresas......................................16
  4. Cazuela De Brunch De Chilaquiles.............................18
  5. Wrap de tortilla de huevos con jamón serrano...........21
  6. El clásico tocino con huevos......................................23
  7. Pan de ajo...25
  8. Frittata de queso de cabra y champiñones................28
  9. Risotto de desayuno con tocino, huevo y puerro........30
  10. Huevos revueltos en una taza.................................34
  11. Buñuelos de arroz, berenjena y queso feta..............36
  12. muffins de huevo..39
  13. Pan De Patata Y Romero..41
BOCADILLOS Y APERITIVOS..46
  14. Tostadas De Alcachofas Gratinadas........................47
  15. Rollitos de Calabacín con Patés de Verduras...........51
  16. Tostadas con Sardinas...53
  17. Calabacines rellenos de queso bajos en calorías......55
  18. Albóndigas De Berenjena Con Salsa De Tomate.......57
  19. Brochetas de rape y tomate cherry..........................60
  20. Chuletas De Berenjena..63
  21. Pumpernickel con lechuga, queso Harz y manzana...66
  22. Aguacate Relleno De Tinga De Pollo........................69
  23. Merienda de brocheta de frutas...............................71
  24. Poke Bowls de atún y sandía....................................73
  25. Tostadas Con Aguacate Y Fresa...............................76
  26. Timbal de berenjenas y hummus.............................78
  27. Champiñones Rellenos De Salchichas.....................80
  28. Aguacate Relleno De Amaranto...............................82

SÁNDWICHES Y WRAPS..84
29. Sándwich Proteico con Atún.............................85
30. Rollitos de primavera con salsa tailandesa de mango…87
31. Wrap de pavo y aguacate..................................90
32. Wraps vegetarianos de champiñones con pesto............93
33. y Quesadillas de Aguacate y Emmental....................95
34. Burritos de repollo...97
35. Hamburguesa vegetariana.................................100
PLATO PRINCIPAL..104
36. Boloñesa sencilla y esencial.............................105
37. Arroz Frito con Verduras y Tofu.........................109
38. Pollo al horno con arroz integral.......................112
39. Berenjenas Rellenas De Arroz...........................114
40. Champiñones y judías verdes con almendras.............118
41. Bacalao al vapor...120
42. Pescado en Tazón con Leche de Coco....................123
43. Poké Bowl con Salmón....................................126
44. Salmón con salsa de aguacate...........................128
45. Calabaza Espaguetis con Camarones....................130
46. Camarones A La Mexicana...............................132
47. Salmón Al Limón Y Tomillo..............................134
48. Gambas al ajillo y calabaza espagueti..................136
49. Bacalao en salsa de tomate..............................139
50. Tilapia al jengibre...142
51. Suizo C duro y eglefino..................................144
52. Fetuccini De Salmón......................................146
53. Solomillo de cerdo con hojaldre al horno...............148
54. Cerdo untado con chile con maíz y frijoles negros.....150
55. Nachos de cerdo con lima y miel........................153
56. Lomo De Cerdo Con Salsa De Oporto Y Romero....156
57. Posole de Cerdo...159
58. Tampón de zanahorias y calabacines...................162
59. Pastel De Pollo Con Pollo................................164
60. Pollo Glaseado Con Soja.................................167
61. Espaguetis De Calabacín Con Bolas De Verduras....170

62. Lasaña de verduras ligera...174
63. Lasaña con calabacín..177
64. pollo cazador..179
65. Pechuga de pato con ciruelas mirabel...........................181
66. Pollo con brócoli y salsa yuzu..184
67. Pavo al estragón con tirabeques y arroz salvaje.........186
ENSALADA Y ACOMPAÑAMIENTOS.............................189
68. Salmón Ahumado Relleno De Ensalada Rusa...............190
69. Ensalada de espárragos y requesón..............................193
70. Verduras de espinacas y mango....................................196
71. Brotes de mijo ensalada...199
72. Ensalada de frijoles rojos con guacamole....................201
73. Ensalada de frijoles verde-amarillos con cebolla morada 203
74. Rúcula con mango, aguacate y tomates cherry...........205
75. Ensalada De Berenjenas Con Espinacas Grill.............207
76. Ensalada de papas..209
77. Ensalada de tomate con cubitos de aguacate.............211
SOPAS Y GUISOS..213
78. Guiso ligero de lentejas...214
79. Sopa de verduras y quinua...217
80. Sopa adelgazante de pollo y frijoles............................219
81. Patatas y Caldo..222
82. Sopa De Coliflor Y Cúrcuma Dorada............................224
83. Sopa crockpot para resaca...226
84. sopa de patatas alemana..228
POSTRE...230
85. Pastel de especias al revés con ruibarbo....................231
86. Tarta de queso Nueva York...235
87. Helado de frambuesa..239
88. Frambuesa y Chocolate Blanco Tazas.........................241
89. Ensalada de frutas y helado gourmet..........................243
90. de plátano, granola y frutos rojos................................245
91. de arándanos y durazno...247
92. Helado de calabaza sin azúcar.....................................249

93. Postre frutal helado..251
94. budín de aguacate..253
95. soufflé de fresa...255
96. Brownies de calabacín picantes.............................257
97. Pastel en una taza..259
98. Paletas de frambuesa y limón................................261
99. Tapas para muffins de zanahoria...........................263
100. Pastel de postre de durazno................................266
CONCLUSIÓN..268

INTRODUCCIÓN

Bienvenido al LIBRO DE COCINA DE LA COCINA PERFECTA, una aventura culinaria que promete nutrición y puro placer.

"LIBRO DE COCINA DE LA COCINA PERFECTA" es una colección de recetas donde cada una de ellas contribuye a tu bienestar de una manera única.
Imagínese entrar en una cocina donde los tonos vibrantes de los productos frescos crean una paleta deslumbrante y cada ingrediente es una pincelada en el lienzo de una comida saludable.

Si eres un experto en el mundo de la alimentación saludable o un principiante deseoso de explorar las posibilidades de una alimentación alegre, este libro de cocina es tu guía.

DESAYUNO

1. Pan de nueces y arándanos

INGREDIENTES:
- 3/4 taza (85 gramos) de nueces pecanas
- 1 taza (200 gramos) de azúcar granulada
- 2 naranjas medianas a grandes
- 6 cucharadas (85 gramos) de mantequilla sin sal, derretida y enfriada
- 1/2 a 2/3 taza (120 a 160 gramos) de crema agria o yogur natural
- 1 huevo grande
- 1 cucharadita de sal kosher
- 1 cucharadita de polvo para hornear
- 1/2 cucharadita de bicarbonato de sodio
- 2 tazas (8 onzas o 225 gramos) de arándanos frescos o congelados, cortados por la mitad
- 2 tazas (260 gramos) de harina para todo uso
- Azúcar perla (aproximadamente $1\frac{1}{2}$ cucharada), para terminar

INSTRUCCIONES:
a) Precalienta tu horno a 350°F. Si las nueces no están tostadas, o si les falta ese sabor tostado, tuéstalas en el horno durante 6 a 8 minutos hasta que adquieran su aroma. Luego córtelos en trozos grandes y reserve.

b) Engrase un molde para pan ($8\frac{1}{2}$ por $4\frac{1}{2}$ o 6 tazas de volumen) con mantequilla o spray antiadherente. Para retirarlo más fácilmente, considere forrar la parte inferior y los dos lados largos con papel pergamino.

c) En un bol grande, coloca el azúcar granulada y ralla las naranjas. Utilice las yemas de los dedos para frotar la ralladura con el azúcar, realzando la fragancia.

d) Corta las naranjas por la mitad y exprímelas en una medida de 1 taza, llenándola hasta aproximadamente 1/3 a 1/2 taza. Agregue la crema agria hasta que el jugo alcance la línea de 1 taza, luego bata para combinar.

e) Incorpora la mantequilla derretida y enfriada, seguido del huevo a la mezcla de ralladura y azúcar. Luego agregue la mezcla de jugo de naranja y crema agria.

f) Espolvorea la superficie de la masa con sal kosher, levadura en polvo y bicarbonato de sodio. Incorpora bien estos ingredientes secos a la masa, asegurándote de raspar el tazón.

g) Agregue los arándanos cortados por la mitad y las nueces tostadas. Luego agregue suavemente la harina para todo uso hasta que desaparezca en la masa.

h) Transfiera la masa al molde preparado y alise la parte superior. Opcionalmente, espolvorea azúcar perlada sobre el pastel para darle el toque final.

i) Hornee durante 60 a 70 minutos, girando el molde una vez para obtener un color uniforme, hasta que al insertar un palillo en el pan salga limpio, sin masa. Si es necesario, dale más tiempo al pastel sin preocuparte de que se oscurezca demasiado.

j) Deje que el pastel se enfríe en el molde sobre una rejilla hasta que alcance la temperatura ambiente o tibia. Luego córtelo y sirva.

k) Este pan de nueces y arándanos se puede conservar a temperatura ambiente durante 5 a 6 días. Para mantener su humedad, guárdelo en el molde para pan, cubriendo el lado cortado con papel de aluminio.

2. Panqueque austriaco rallado (Kaiserschmarrn)

INGREDIENTES:
- 1/2 taza (75 gramos) de pasas (opcional)
- 2 cucharadas (30 ml) de jugo de frutas o ron (solo si se usan pasas)
- 4 huevos grandes, separados
- 2 cucharadas (25 gramos) de azúcar granulada
- 1/4 cucharadita de sal kosher
- 1 cucharadita de polvo para hornear
- 3/4 taza (100 gramos) de harina para todo uso
- 1/2 taza (120 ml) de leche, cualquier tipo
- 2 a 3 cucharadas (30 a 40 gramos) de mantequilla sin sal o ghee (mantequilla clarificada)
- Azúcar en polvo
- Mermelada, puré de manzana u otra salsa de frutas, o ciruelas guisadas o compota de ciruelas para servir

INSTRUCCIONES:
a) Si usa pasas, comience remojándolas en ron caliente o jugo y déjelas a un lado hasta que las necesite.

HACER LA BATEADORA:
b) En un tazón grande, mezcle las yemas de huevo, el azúcar, la sal y el polvo para hornear. Agregue la leche y luego la harina, mezclando hasta que la masa esté casi suave. Unos cuantos bultos pequeños están bien. Deja reposar la masa durante 10 minutos.

c) Mientras tanto, en un recipiente aparte o con una batidora eléctrica, bata las claras hasta que formen picos firmes. Incorpora suavemente las claras batidas a la mezcla de yemas, tratando de no desinflar las claras. Si está usando pasas, incorpórelas suavemente a la masa en esta etapa.

COCINA LOS CREPES:

d) Calienta una sartén mediana-grande (de 10 a 12 pulgadas) a fuego medio. Agrega 2 cucharadas de mantequilla o ghee y deja que se derrita. Vierta la masa en la sartén y extiéndala uniformemente. Cocine de 3 a 4 minutos, levantando un borde de vez en cuando para comprobarlo, hasta que el panqueque tenga un color dorado intenso en la parte inferior. Reduzca el fuego si se dora demasiado rápido.

e) Si puedes voltear el panqueque en una sola pieza, hazlo. De lo contrario, use una espátula para aflojar los bordes, deslícela sobre un plato grande e invierta una sartén vacía sobre el panqueque y el plato. Mantén ambos juntos y rápidamente voltea el panqueque al molde. Continúe cocinando hasta que el segundo lado esté profundamente dorado, aproximadamente 3 minutos más.

TRITURAR/RASGAR EL PANCAKE:

f) Hay dos maneras de hacer esto. Puedes usar dos tenedores o una espátula afilada para romper o picar el panqueque en trozos de 1" a 2" directamente en la sartén. Alternativamente, puedes deslizarlo nuevamente sobre el plato usado para darle la vuelta y picarlo allí. Esto le permite agregar otra cucharada de mantequilla a la sartén para obtener bordes extra mantecosos y ligeramente crujientes en el panqueque final. Devuelva los trozos de panqueque y la masa derramada a la sartén y cocine, revolviendo, hasta que los trozos de panqueque estén en su mayor parte, pero no completamente, cocidos. Lo ideal es que el centro quede ligeramente cremoso en cada bocado.

SERVIR:

g) Transfiera los trozos de panqueque a un plato y espolvoree generosamente azúcar en polvo sobre ellos. Sirva con rodajas de limón, mermelada, salsa de frutas, bayas frescas o, como se muestra, con ciruelas guisadas o compota de ciruelas.

CIRUELAS GUISADAS/COMPOTA DE CIRUELA (ZWETSCHGENRÖSTER):

h) Combine 1 libra de ciruelas pasas o negras frescas (sin pelar, sin hueso y cortadas en cuartos o en octavos), 1/3 taza de azúcar granulada, 1/4 taza de agua, 1 rama de canela o 1 cucharadita de canela molida y 1/8 de cucharadita (o más al gusto) clavo molido a fuego medio.

i) Deje hervir a fuego lento y revuelva ocasionalmente hasta que la fruta esté lo suficientemente picante y tierna como para romperla fácilmente con una cuchara, lo cual demora unos 20 minutos (hasta 25 minutos para frutas más desmenuzadas). Agregue el jugo de medio limón y déjelo enfriar hasta que lo necesite.

3. Yogur con Cereales y Fresas

Rinde: 4 porciones

INGREDIENTES:
- Fresas frescas
- 1 yogur
- Miel
- Almendras

INSTRUCCIONES:
a) En un bol agrega las fresas.
b) Vierte el yogur encima y espolvorea con cereal.

4. Cazuela De Brunch De Chilaquiles

INGREDIENTES:

- 12 tortillas de maíz pequeñas (6 pulgadas), cortadas en cuartos y fritas hasta que estén crujientes
- 1 1/4 tazas (de una lata de 10 onzas) de salsa de enchilada roja [ver nota]
- 1 3/4 tazas (de una lata de 15 onzas) de frijoles negros, escurridos y enjuagados
- 2 tazas (8 onzas) de queso Monterey Jack o queso cheddar rallado grueso (o una mezcla de ambos)
- 6 a 8 huevos grandes
- Sal kosher y pimienta negra recién molida
- Cebolletas en rodajas finas, crema agria, aguacate cortado en cubitos y salsa picante, para terminar y servir

INSTRUCCIONES:

a) Precalienta tu horno a 375°F (190°C).
b) Engrase una fuente para hornear de 3 cuartos, como una fuente de 7,5 x 11,5 pulgadas, con aceite o aceite en aerosol antiadherente.
c) Extienda 1/4 de los cuartos de tortilla frita en el fondo de la fuente para hornear.
d) Rocíe o esparza 1/4 de la salsa de enchilada sobre las tortillas.
e) Agrega una capa de frijoles negros y una capa de queso rallado. Repita este proceso de capas tres veces más.
f) Hornea la cazuela en el horno precalentado durante unos 15 minutos, o hasta que el queso se derrita y las tortillas se ablanden un poco.
g) Retire la cacerola del horno y colóquela sobre una rejilla para enfriar (pero mantenga el horno encendido).

h) Usa una cuchara o un tenedor para crear pequeños nidos en las tortillas donde te gustaría colocar cada huevo. Los nidos no retendrán completamente los huevos, pero ayudarán a mantenerlos en su lugar.

i) Rompe de 6 a 8 huevos en los nidos, dependiendo de cuántos quieras usar. Sazone los huevos con sal y pimienta negra recién molida.

j) Regrese la cacerola al horno y hornee hasta que las claras estén opacas pero no completamente cuajadas.

k) Retiramos la cazuela del horno y la dejamos reposar sobre una rejilla unos 4 a 8 minutos. Las claras de los huevos deben estar completamente cuajadas, pero las yemas aún deben estar líquidas.

l) Sirva la cazuela de brunch con chilaquiles con los aderezos que elija, como cebolletas en rodajas finas, crema agria, aguacate cortado en cubitos y salsa picante.

5. Wrap de tortilla de huevos con jamón serrano

Rinde: 4 porciones

INGREDIENTES:
- 4 tortillas de maíz o trigo
- 4 huevos
- 4 cucharadas de salsa de tomate frito casera
- un puñado de brotes de espinacas o berros
- 8 cucharadas de queso gruyere
- 8 lonchas de jamón serrano
- Sal y pimienta.

INSTRUCCIONES:
a) Precalentar el horno a 180°C. En una bandeja refractaria coloca las 4 tortillas de trigo o maíz unta una cucharada de tomate frito sobre cada una de ellas.
b) Unte los brotes de espinacas o berros sobre el tomate y pele un huevo en el medio de la tortita.
c) Sazona con pimienta y distribuye el queso alrededor del huevo.
d) Hornee de 10 a 12 minutos y agregue 2 rebanadas de jamón a cada panqueque justo antes de servir.

6. El clásico tocino con huevos

INGREDIENTES:
- 8 huevos
- 150 gramos de tocino
- Tomate Cherry En Rodajas
- Sal y pimienta para probar
- Perejil fresco

INSTRUCCIONES:

a) Freír el tocino hasta que esté crujiente. Reservar en un plato.

b) Freír los huevos en la grasa del tocino como más te guste.

c) Cortar los tomates cherry por la mitad y sofreírlos al mismo tiempo.

d) Servir y sazonar con sal y pimienta.

e) Adorne con perejil.

7. Pan de ajo

INGREDIENTES:

- 1 baguette grande (alrededor de 12 onzas), no muy firme y sin semillas
- 8 cucharadas (115 gramos o 4 onzas) de mantequilla sin sal o con sal (si usa mantequilla con sal, omita la sal adicional a continuación), cortada en trozos
- 4 dientes de ajo medianos, picados
- Una pizca de hojuelas de pimiento rojo, al gusto
- 1/2 cucharadita de sal gruesa o kosher
- 1/2 cucharadita de orégano seco (opcional)
- 1/3 a 1/2 taza de queso parmesano o pecorino añejo finamente rallado (opcional)
- 1 cucharada de perejil finamente picado
- 1 cucharada de cebollino picado (opcional)

INSTRUCCIONES:

a) Precalienta la parrilla de tu horno.
b) Cubra una bandeja para hornear grande con papel de aluminio para facilitar la limpieza.
c) Corta la baguette a lo largo y coloca las piezas con el lado cortado hacia arriba en la bandeja para hornear.
d) En una cacerola pequeña, combine la mantequilla, el ajo picado, las hojuelas de pimiento rojo y la sal (si usa mantequilla sin sal). Calienta a fuego medio-alto, revolviendo, hasta que el ajo chisporrotee en la mantequilla pero no se dore.
e) Si lo desea, agregue el orégano seco para darle más sabor.
f) Vierta la mezcla de mantequilla con ajo de manera uniforme sobre los lados cortados de la baguette.

g) Espolvorea el pan con parmesano finamente rallado o queso pecorino añejo, si lo usas.

h) Coloque la bandeja para hornear con el pan de ajo preparado debajo del asador. Vigílelo de cerca y gírelo según sea necesario para garantizar una coloración uniforme.

i) Ase durante 2 a 3 minutos o hasta que el pan de ajo esté dorado y tostado. Esté atento para evitar que se cocine demasiado o se queme.

j) Retire el pan de ajo del horno y espolvoréelo con perejil finamente picado y cebollino picado (si lo usa).

k) Corta el pan de ajo en gajos y sírvelo inmediatamente mientras esté tibio y delicioso.

l) Si te sobra, puedes envolverlas en papel de aluminio y guardarlas en el frigorífico. Para disfrutarlos nuevamente, vuelva a calentarlos en el horno para obtener mejores resultados.

8. Frittata de queso de cabra y champiñones

INGREDIENTES:
FRITTATA:
- 150 gramos de champiñones
- 75 g de espinacas frescas
- 50 g de cebollino
- 50 gramos de mantequilla
- 6 huevos
- 110 gramos de queso de cabra
- Sal y pimienta negra molida

SERVIR:
- 150 g de verduras de hojas verdes
- 2 cucharadas de aceite de oliva
- Sal y pimienta negra molida

INSTRUCCIONES:
a) Precalienta la temperatura del horno a 175°C (350°F).
b) Rallar o desmenuzar el queso y mezclar en un bol con los huevos. Sal y pimienta para probar.
c) Cortar los champiñones en trozos pequeños. Picar las cebolletas.
d) Disolver la mantequilla a fuego medio en una sartén apta para horno y sofreír los champiñones y la cebolla durante 5-10 minutos o hasta que estén dorados.
e) Agrega las espinacas a la sartén y fríe durante 1-2 minutos más. Pimienta.
f) Vierta la mezcla de huevo en la sartén. Hornéalo durante 20 minutos o hasta que esté dorado y firme en el medio.
g) Servir con vegetales de hojas verdes y aceite de oliva.

9. Risotto de desayuno con tocino, huevo y puerro

Rinde: 5 porciones

INGREDIENTES:
- 1 taza (4 onzas) de tocino o panceta cortado en cubitos
- 1 cucharada de aceite de oliva
- 3 cucharadas de mantequilla sin sal, cantidad dividida, y más para freír huevos
- 2 puerros grandes o 3 más pequeños, cortados en cuartos a lo largo, limpios y picados pequeños
- 1/2 cebolla pequeña o 1 chalota grande, finamente picada
- 2 tazas de arborio, carnaroli u otro arroz italiano de grano corto
- 1/3 taza de vino blanco seco o vermú
- 6 a 8 tazas de caldo de pollo o de verduras bajo en sodio
- 1 taza de queso parmesano fresco rallado, más extra para terminar
- Sal y pimienta negra recién molida
- 4 a 6 huevos grandes (uno por ración)
- Cebollino fresco picado para decorar (opcional)

INSTRUCCIONES:
AMBOS MÉTODOS COMIENZAN EN LA ESTUFA:
a) Coloque el tocino o la panceta en una cacerola mediana o en una sartén profunda (de 3 a 4 cuartos) y encienda el fuego a medio-alto. Cocine hasta que el tocino/panceta pierda grasa y quede crujiente, aproximadamente 5 minutos, revolviendo según sea necesario para una cocción uniforme. Retirar con una espumadera a un plato forrado con una toalla y reservar, dejando la grasa en la sartén.

b) Reduzca el fuego a medio y agregue 1 cucharada de aceite de oliva y 1 cucharada de mantequilla a la grasa del tocino y caliente hasta que se derrita.

c) Agregue los puerros y la cebolla y cocine, revolviendo, hasta que estén tiernos y casi tiernos, aproximadamente de 7 a 10 minutos.

d) Agregue el arroz y cocine, salteando hasta que esté ligeramente tostado, aproximadamente 3 minutos. Agrega vino o vermú y cocina hasta que casi desaparezca, unos 2 minutos.

PARA TERMINAR EN LA COCINA:

e) Vierta 1 taza de caldo en la mezcla de arroz y cocine a fuego lento hasta que se absorba, revolviendo con frecuencia. Agregue el caldo restante 1/2 taza a la vez, permitiendo que el caldo se absorba antes de agregar más y revolviendo con frecuencia hasta que el arroz esté al dente, aproximadamente de 25 a 30 minutos.

f) Cuando logre la textura y ternura deseadas, agregue las 2 cucharadas restantes de mantequilla y 1 taza de queso parmesano. Sazone con sal y pimienta al gusto. Sirva en tazones para servir y espolvoree con tocino crujiente o panceta.

g) Para terminar en el horno: agregue 6 tazas de caldo a la mezcla de arroz y suba el fuego a alto para que hierva a fuego lento. Una vez que hierva a fuego lento, cubra con una tapa (o papel de aluminio, si no tiene tapa) y transfiéralo al horno. Hornea el risotto en el horno durante 20 a 25 minutos, o hasta que se absorba la mayor parte del líquido, pero se vea un poquito aguado. Si la mezcla parece seca una vez que el arroz esté cocido, agregue más caldo, 1/2 taza a la vez, revolviendo para combinar.

h) Luego, rápidamente, en una sartén pequeña, caliente un poco de mantequilla a fuego medio-alto y gírela para cubrir la sartén. Rompe un huevo en la sartén, sazona con sal y pimienta y reduce el fuego a medio. En este punto, me gusta tapar la sartén con una tapa pequeña, ya que parece ayudar a que el huevo se cocine más rápido y de manera más uniforme. En un minuto, deberías tener un huevo perfecto con el lado soleado hacia arriba. Transfiera a su primer tazón de risotto y repita con los huevos restantes.

i) Adorne cada uno con un poco más de parmesano rallado, cebollino (si lo usa) y cómelo inmediatamente.

10. Huevos revueltos en una taza

INGREDIENTES:
- 2 huevos
- 2 cucharadas de crema
- Sal y pimienta
- 1 cucharada de mantequilla

INSTRUCCIONES:
a) Engrase una taza o tazón grande con mantequilla suave.
b) Batir los huevos y la nata, y llenar el vaso hasta un máximo de 2 tercios, ya que los huevos ganarán volumen al cocinarse.
c) Añade una pizca de sal y pimienta negra o cayena recién molida.
d) Cocer en el microondas a máxima potencia durante 1-2 minutos.
e) Revuelva y cocine en el microondas un minuto más.
f) Retirar y añadir un poco de mantequilla.
g) Dejar enfriar durante 1 minuto.

11. Buñuelos de arroz, berenjena y queso feta

Rinde: 4 porciones

INGREDIENTES:
- ⅔ taza de agua hirviendo
- ⅓ taza de mezcla de arroz salvaje
- Una pizca grande de sal
- ¾ taza de aceite de oliva
- 1 berenjena, cortada en trozos pequeños
- 1 diente de ajo, machacado
- ½ taza de yogur natural estilo griego
- 2 ½ cucharadas de orégano fresco picado
- 6 tomates secos en aceite escurridos y picados
- 50 g de queso feta, cortado en cubitos
- ⅔ taza de harina común
- 3 huevos, ligeramente batidos
- Sal y pimienta negra molida

INSTRUCCIONES:
a) Coloca el agua, el arroz y la sal en una cacerola pequeña y lleva a ebullición a fuego medio. Reduzca el fuego a medio-bajo, cubra con una tapa hermética y cocine por 15 minutos. Transfiera el arroz cocido a un tazón mediano.

b) Mientras tanto, calienta 60 ml (¼ de taza) de aceite en una sartén grande a fuego medio. Agregue la berenjena y cocine, sin tapar, revolviendo con frecuencia, durante 20 minutos o hasta que esté suave. Agrega el ajo y cocina, revolviendo, durante 1 minuto. Retirar del fuego y dejar reposar durante 5 minutos para que se enfríe un poco. Transfiera la mezcla de berenjenas al tazón de un procesador de alimentos y procese hasta obtener un puré grueso.

c) Combine el yogur y 2 cucharaditas de orégano en un tazón pequeño. Cubrir y reservar.

d) Utilice un tenedor para separar los granos de arroz. Agregue la mezcla de berenjenas, el orégano restante, los tomates secados al sol, el queso feta, la harina, los huevos, la sal y la pimienta al arroz y mezcle suavemente hasta que estén combinados.

e) Calienta 2 cucharadas del aceite restante en una sartén antiadherente grande a fuego medio-alto. Deje caer aproximadamente 5 cucharadas de la mezcla por separado en la sartén y use el dorso de la cuchara para aplanar ligeramente cada una. Cocine por 2 minutos por cada lado o hasta que estén dorados.

f) Transfiera a un plato grande y cúbralo sin apretar con papel de aluminio para mantenerlo caliente.

g) Repita en tandas con el resto de la mezcla de aceite y arroz. Sirve inmediatamente con el yogur de orégano.

12.muffins de huevo

INGREDIENTES:

- 8 huevos
- 1 cebolla tierna, finamente picada
- 150 g de chorizo, salami o tocino cocido
- 75 gramos de queso rallado
- 1 cucharada de pesto rojo o pesto verde
- Sal y pimienta negra molida

INSTRUCCIONES:

a) Precalienta la temperatura del horno a 175°C (350°F).
b) Picar finamente el cebollino y la carne.
c) Batir los huevos junto con los condimentos y el pesto. Agrega el queso y mezcla.
d) Coloca la masa en moldes para muffins y agrega tocino, salchicha o salami.
e) Hornéalo durante 25 minutos aproximadamente, dependiendo del tamaño del molde.

13.Pan De Patata Y Romero

INGREDIENTES:

BIGA (PRE-FERMENTO):
- 1 1/2 tazas (7 oz) de biga (esta receta rinde una biga de 16 onzas; puedes reducirla a la mitad)

MASA PRINCIPAL:
- 3 tazas más 2 cucharadas (14 oz) de harina panificable o con alto contenido de gluten sin blanquear
- 1 1/2 cucharaditas (0,38 oz) de sal
- 1/4 cucharadita (0,03 oz) de pimienta negra, molida gruesa (opcional)
- 1 1/4 cucharaditas (0,14 oz) de levadura instantánea
- 1 taza (6 oz) de puré de papas
- 1 cucharada (0,5 oz) de aceite de oliva
- 2 cucharadas (0,25 oz) de romero fresco picado en trozos grandes
- 3/4 taza más 2 cucharadas por 1 taza (7 a 8 oz) de agua, a temperatura ambiente (o tibia si las papas están frías)
- 4 cucharadas (1 oz) de ajo asado picado en trozos grandes (opcional)
- Harina de sémola o harina de maíz para espolvorear
- Aceite de oliva para untar por encima.

INSTRUCCIONES:

a) Sacar la biga del frigorífico 1 hora antes de hacer el pan.

b) Córtelo en unos 10 trozos pequeños con una espátula de repostería o un cuchillo de sierra.

c) Cubrir con una toalla o film transparente y dejar reposar durante 1 hora para quitar el frío.

d) Mezcle la harina, la sal, la pimienta negra y la levadura en un tazón de 4 cuartos o en el tazón de una batidora eléctrica.

e) Agrega los trozos de biga, el puré de papa, el aceite de oliva, el romero y 3/4 de taza más 2 cucharadas de agua.

f) Revuelva con una cuchara grande (o mezcle a velocidad baja con el accesorio de paleta) durante 1 minuto o hasta que los ingredientes formen una bola.

g) Agrega más agua si es necesario, o más harina si la masa queda demasiado pegajosa.

h) Espolvoree harina sobre la encimera, transfiera la masa a la encimera y comience a amasar (o mezcle a velocidad media con el gancho para masa).

i) Amasar durante 10 minutos aproximadamente (o 6 minutos en máquina), añadiendo más harina si es necesario.

j) La masa debe quedar suave y flexible, pegajosa pero no pegajosa. Debería pasar la prueba del cristal de la ventana y registrar entre 77° y 81°F.

k) Aplana la masa y extiende el ajo asado por encima.

l) Forma una bola con la masa y amasa a mano durante 1 minuto.

m) Engrase ligeramente un tazón grande y transfiera la masa al tazón, girándola para cubrirla con aceite.

n) Cubre el recipiente con film transparente.

o) Fermenta a temperatura ambiente durante aproximadamente 2 horas, o hasta que la masa duplique su tamaño.

p) Retire la masa del tazón y divídala en 2 partes iguales para panes, o 18 partes iguales (aproximadamente 2 onzas cada una) para panecillos.

q) Forme una bola con cada una de las piezas más grandes o forme rollos con las piezas más pequeñas.
r) Forre una bandeja para hornear con papel para hornear (use 2 bandejas para panecillos) y espolvoree ligeramente con harina de sémola o harina de maíz.
s) Coloca la masa sobre el pergamino, separando los trozos para que no se toquen, incluso después de que suban.
t) Rocíe la masa con aceite en aerosol y cúbrala sin apretar con una envoltura de plástico.
u) Deje reposar a temperatura ambiente durante 1 a 2 horas, dependiendo del tamaño de las piezas, o hasta que la masa duplique su tamaño.
v) Precaliente el horno a 400 grados F con la rejilla del horno en el estante del medio.
w) Retire el plástico de la masa y unte ligeramente los panes o panecillos con aceite de oliva (marcar es opcional).
x) Coloque los moldes en el horno. Hornee los panes durante 20 minutos, luego gire el molde 180° para hornear de manera uniforme.
y) Los panes tardarán entre 35 y 45 minutos en total en hornearse.
z) Hornee los panecillos durante 10 minutos, gire los moldes y luego hornee por 10 minutos más.
aa) Los panes y panecillos deben tener un rico color dorado por todos lados y la temperatura interna debe registrar al menos 195 °F.
bb) Los panes deben emitir un sonido hueco al golpearlos en el fondo.
cc) Retire los panes o panecillos terminados del horno y déjelos enfriar sobre una rejilla durante al menos 1 hora

para los panes y 20 minutos para los panecillos antes de servir.

BOCADILLOS Y APERITIVOS

14. Tostadas De Alcachofas Gratinadas

INGREDIENTES:

- 2 tazas de corazones de alcachofa cocidos, escurridos y picados
- 1 papa Yukon gold, pelada y cortada en cubitos muy pequeños
- 1/4 taza de crema espesa, más hasta 2 cucharadas más al gusto
- 1 diente de ajo pequeño, picado
- Sal kosher y pimienta negra recién molida
- Unas ralladuras de ralladura de limón
- Jugo de medio limón
- 1 taza (2 1/2 onzas) de queso Asiago añejo finamente rallado
- 6 rebanadas de tu pan abundante favorito
- Perejil fresco para decorar

INSTRUCCIONES:

a) Cocine los corazones de alcachofa congelados en la estufa en agua hirviendo hasta que estén tiernos y firmes. Esto debería tomar aproximadamente de 4 a 5 minutos (ajuste según sea necesario según la marca que use).

b) Escurre las alcachofas cocidas en un colador y luego extiéndelas sobre capas de toallas de papel para eliminar el exceso de agua. Presione suavemente para asegurarse de que estén lo más secos posible.

c) Coloca las patatas cortadas en cubitos en una olla, cubriéndolas con un centímetro de agua fría y añadiendo unas pizcas de sal.

d) Configure un cronómetro durante 8 minutos, hierva el agua a fuego lento y cocine las papas hasta que estén tiernas pero sin desmoronarse. Esto suele tardar unos 8 minutos, pero comprueba la textura.

e) Escurrir las patatas, limpiar la olla y devolverla al fuego.

f) En la olla limpia, combine la crema espesa, el ajo picado, la ralladura de limón, la sal y la pimienta. Lleve la mezcla a fuego lento y cocine durante un minuto, revolviendo.

g) Agrega las papas escurridas a la mezcla de crema y cocínalas juntas durante 1 a 2 minutos. Esto permite que los sabores se mezclen.

h) Pica las alcachofas escurridas y secas en trozos pequeños (aproximadamente 1/2 pulgada).

i) Coloca las alcachofas picadas en un bol grande y sazona con sal y jugo de limón al gusto.

j) Agrega la mezcla de crema de papa y 3/4 taza de queso rallado al bol con las alcachofas.

k) Revuelve los ingredientes para combinar. Pruebe el condimento y ajuste con sal y pimienta según sea necesario.

l) Si la mezcla parece un poco seca, agregue hasta 2 cucharadas adicionales de crema espesa.

m) Caliente la parrilla en su horno o ajuste el horno a 450 °F.

n) Coloque las rebanadas de pan en una bandeja forrada con papel de aluminio para facilitar la limpieza.

o) Coloque la mezcla de alcachofas y patatas uniformemente sobre las rebanadas de pan.

p) Espolvorea el queso reservado por encima.

q) Hornee o ase hasta que las tostadas se doren y el queso se derrita. Esto puede tardar unos 5 minutos en una parrilla o de 10 a 15 minutos en un horno menos intenso.

r) Una vez que las tostadas estén doradas y derretidas, retíralas del horno.
s) Adorne con perejil fresco.
t) Sirve las Tostadas de Alcachofas Gratinadas mientras estén calientes y disfruta.

15. Rollitos de Calabacín con Patés de Verduras

Hace: 2

INGREDIENTES
- 2 calabacines pequeños
- 4,4 onzas de queso crema
- 1 diente de ajo
- 3 cucharadas de nueces molidas
- aceite de oliva
- $\frac{1}{2}$ cucharadita de pimienta negra
- Sal
- eneldo

INSTRUCCIONES:
a) Cortar los calabacines en cubos y hervir en agua con sal.
b) Ponlos en una licuadora y licúalos hasta obtener un puré.
c) Agrega el queso crema, el ajo machacado y las nueces molidas.
d) Remueve brevemente el paté y condimenta con aceite de oliva, pimienta negra y sal.
e) El paté vegetariano con calabacín y queso crema ya está listo.

16. Tostadas con Sardinas

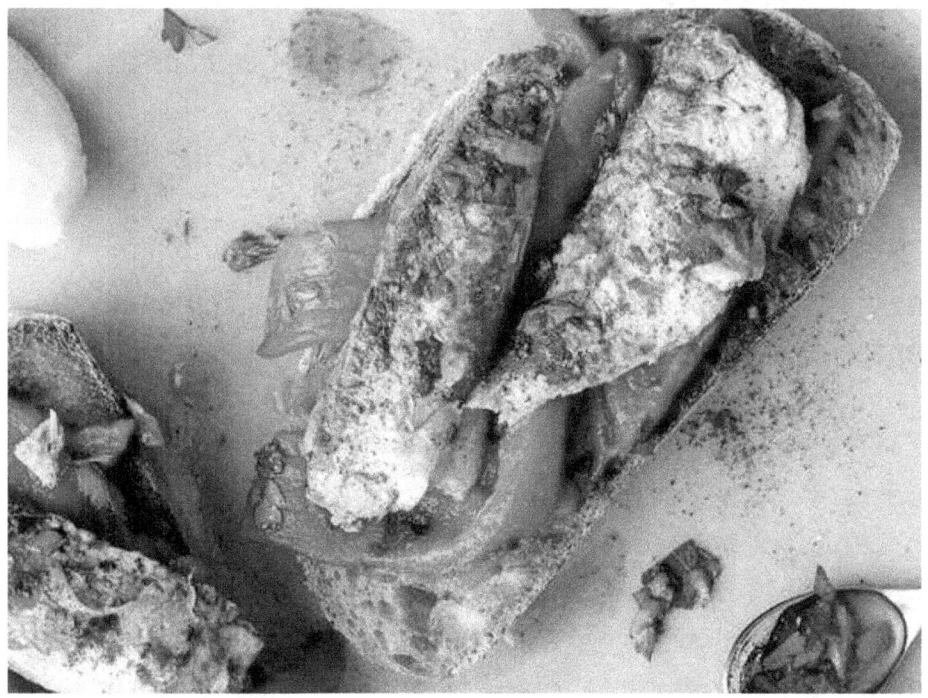

Hace: 1

INGREDIENTES
- 1 rebanada de pan Scottish Plain Loaf o similar
- 1 cucharadita de mantequilla
- 4,3 onzas de sardinas en aceite

INSTRUCCIONES
a) Escurrir el aceite de la lata, sacar dos o tres sardinas enteras y reservarlas. Pon todo el resto en un bol y tritúralo. Sazone al gusto.

b) Tuesta ligeramente una rebanada de pan y generosamente con mantequilla.

c) Apila el puré de sardinas sobre la tostada. Asegúrate de llevar el pescado hasta los bordes. Cubra con las dos o tres sardinas enteras y colóquelas bajo la parrilla a fuego medio-alto hasta que el pescado burbujee y comience a estar crujiente en los bordes, aproximadamente de 3 a 5 minutos.

d) Corta la tostada por la mitad y sirve. Puedes comerlo con tenedor y cuchillo, pero si lo dejas un par de minutos, puedes cogerlo con los dedos, ilo cual es mucho más saciante!

17. Calabacines rellenos de queso bajos en calorías

INGREDIENTES
- 3 calabacines medianos
- 200 gramos de queso
- 80ml de nata
- 12 aceitunas negras
- 3 ramitas de perejil
- 3 cucharadas de aceite de oliva
- Sal
- pimienta blanca y negra

INSTRUCCIONES:

a) Asa los calabacines. Primero, precalienta el horno a 220°. Mientras tanto, lava y coloca los calabacines en un refractario. Espolvoréalas, rocíalas con el aceite y frótalas durante unos 10 o 12 minutos más o menos.

b) Haz el relleno. Pasa la nata y el queso con una pizca de sal y pimienta por la batidora hasta obtener una crema homogénea.

c) Añade las aceitunas negras en trozos pequeños y un poco de perejil picado, y remueve el conjunto hasta que esté todo bien mezclado.

d) Rellenar y servir. Cortar el calabacín en 3 trozos. Con ayuda de una cuchara retira un poco de pulpa del interior, mézclala con el queso crema y con la masa resultante rellena los agujeros de los calabacines.

e) Adorna con un poco de pimienta molida y unas hojas de perejil.

18. Albóndigas De Berenjena Con Salsa De Tomate

Rinde: 16 albóndigas

INGREDIENTES
PARA LAS ALBÓNDIGAS
- 2 berenjenas medianas
- ½ taza de pan rallado fino
- ¼ taza de piñones
- ½ parmesano rallado fino
- 1 huevo mediano
- ½ cucharadita de hojuelas de pimiento rojo y hojuelas de chile
- ½ cucharadita de semillas de hinojo
- 1 cucharadita de orégano seco
- 1 cucharadita de sal marina fina
- 3-4 cucharadas de aceite de oliva

PARA LA SALSA
- 2 dientes de ajo
- 2 tazas de passata
- 1 taza de agua
- 1 puñado pequeño de albahaca fresca
- ½ cucharada de aceite de oliva
- Sal y pimienta

INSTRUCCIONES
a) Precalienta el horno a 400F.
b) Corta cada extremo de las berenjenas y quítales la piel con un cuchillo afilado. Corta la berenjena en cubos de 1 pulgada y colócala uniformemente en una bandeja para hornear.
c) Rocíe 2-3 cucharadas de aceite de oliva y revuelva la berenjena para cubrirla con aceite.

d) Hornee durante 15-20 minutos hasta que esté ligeramente dorado y bien cocido. Retirar del horno y dejar enfriar durante 5-10 minutos.

e) Una vez enfriado un poco agréguelo a un procesador de alimentos con los piñones, el parmesano, el pan rallado, el huevo, las semillas de hinojo, las hojuelas de pimiento rojo, el orégano y la sal.

f) Bate todo hasta que quede suave pero aún tenga algo de textura.

g) Unte una bandeja para hornear con aceite de oliva y luego enrolle la mezcla de berenjena en bolas de 1,5 pulgadas.

h) Mójate las manos con agua fría si la mezcla se vuelve pegajosa.

i) Coloque las albóndigas en la bandeja para hornear y unte ligeramente con más aceite de oliva. Hornee en el horno durante 20-25 minutos hasta que esté ligeramente dorado por encima.

HACER LA SALSA

j) Mientras se hornean las albóndigas, prepara la salsa. Pica finamente el ajo y agrégalo a una sartén o sartén grande con ½ cucharada de aceite de oliva.

k) Una vez fragante agregue la passata/puré de tomate y riegue con una pizca de sal y pimienta.

l) Cocine la salsa a fuego lento durante 10 minutos hasta que espese un poco y luego agregue un puñado pequeño de albahaca fresca.

m) Sirve las albóndigas cubiertas con un poco de salsa de tomate con polenta, pasta o verduras asadas.

19. Brochetas de rape y tomate cherry

Rinde: 2 personas

INGREDIENTES
- 1 libra de colas de rape fileteadas y sin piel
- 12 tomates cherry
- 12 champiñones
- 2 cucharadas de aceite de oliva
- 1 cucharadita de pimienta con limón u otra especia para pescado

INSTRUCCIONES
a) Remojar las brochetas de madera en agua durante 20 minutos aproximadamente. Esto evitará que las brochetas se quemen en el horno.
b) Precalienta el horno a 200°C/400°F
c) Enjuague las colas de rape con agua fría y séquelas con papel de cocina.
d) Corte las colas en trozos de aproximadamente 1½ ". Esto debería hacer aproximadamente 30 trozos.
e) Ensartar 5 trozos de cola de rape en una brocheta, alternando con 2 tomates cherry y 2 champiñones.
f) Rocíe 2 cucharadas de aceite de oliva en una bandeja para hornear y luego coloque las brochetas en la bandeja. Enrolle las brochetas en el aceite de oliva mientras las coloca de modo que queden ligeramente cubiertas con aceite por todos lados.
g) Cubre la bandeja para hornear con papel de aluminio, luego colócala en el horno caliente y hornea por 8 minutos.
h) Retira la bandeja del horno, desecha el papel de aluminio, voltea las brochetas y regresa al horno por

aproximadamente 5 minutos hasta que los tomates y las cebollas se ablanden y el pescado esté cocido.

i) Retirar del horno y servir inmediatamente con verduras, patatas y una rodajita de limón.

20. Chuletas De Berenjena

INGREDIENTES:
- 1 berenjena grande
- ¼ de cucharadita de sal kosher y más
- ⅓ taza de harina para todo uso
- 2 huevos grandes
- 1 onza de parmesano
- 1 taza de panko
- 1 cucharadita de pimienta negra recién molida
- ½ cucharadita de orégano seco
- ½ cucharadita de ajo en polvo
- ½ cucharadita de pimentón picante
- ½ cucharadita de cebolla en polvo
- ⅓ taza de aceite de canola
- ⅓ taza de aceite de oliva virgen extra

INSTRUCCIONES

a) Corta la parte superior de la berenjena. Utilice un pelador para quitar la piel. Corta la berenjena a lo largo en rodajas de ½ pulgada de grosor. Espolvorea ambos lados de cada rodaja de berenjena con sal. Forre una bandeja para hornear con borde con papel o paños de cocina.

b) Coloca las rodajas de berenjena en una sola capa. Cubra con otra capa de cocina o toallas de papel. Coloque otra bandeja para hornear encima. Deje que las rodajas de berenjena cuelguen (es decir, escurran el exceso de agua) durante 30 a 60 minutos; Es preferible la hora completa, pero no es necesaria si tienes poco tiempo.

c) Mientras tanto, prepare la estación de dragado: coloque la harina en un recipiente poco profundo o en un plato con borde; sazone con una pizca de sal. En un recipiente poco profundo, sazona los huevos con una pizca de sal y bate con un tenedor hasta que quede suave. En un procesador de alimentos, procese el parmesano hasta que se forme una harina fina.

d) Agregue el panko, la pimienta negra, el orégano, el ajo en polvo, el pimentón, la cebolla en polvo y $\frac{1}{4}$ de cucharadita de sal al procesador de alimentos, luego presione hasta que se combinen. Prueba y ajusta el sazón.

e) En una sartén grande de hierro fundido, combine los aceites y caliente a fuego medio-alto.

f) Mientras se calienta el aceite, empanizar las rodajas de berenjena: secar cada una con un papel o paño de cocina. Pasa ambos lados por la harina, luego por el huevo y luego por el panko sazonado. Transfiera a un plato aparte.

g) Para comprobar si el aceite está lo suficientemente caliente, agregue una miga de panko a la sartén. Debería chisporrotear inmediatamente, no hundirse hasta el fondo ni arder. Cuando esté lo suficientemente caliente, agrega un par de rodajas de berenjena empanizadas (no las amontones o no se dorarán bien). Cocine de 2 a 3 minutos por lado, hasta que estén muy dorados.

h) Transfiera la berenjena recién frita a un plato forrado con toallas de papel para absorber el exceso de grasa, luego transfiérala a una rejilla para que quede crujiente.

i) Freír las rodajas de berenjena restantes de la misma forma. Es mejor servirlos calientes.

21. Pumpernickel con lechuga, queso Harz y manzana

Rinde: 4 porciones

INGREDIENTES:
- 2 manzanas agrias grandes
- 1 cucharada de aceite
- 1 cebolla morada
- 1 manojo de cebollino
- 6 cucharadas de vinagre de manzana
- 1 cucharadita de mostaza
- 2 cucharadas de azúcar
- 4 cucharadas de aceite de colza
- Sal
- Pimienta
- 100 gramos de lechuga
- 50 g de ensalada frisée
- 8 lonchas de queso Harzer
- 8 rebanadas grandes de pan integral de centeno

INSTRUCCIONES:
a) Lave las manzanas y séquelas. Recorta la carcasa del núcleo con un cortador de galletas con núcleo de manzana. Corta las manzanas en 8 rodajas cada una.

b) Calienta 1 cucharada de aceite dentro de una sartén. Freír los aros de manzana en 2 porciones de cada lado durante aproximadamente 1 minuto. Escurrir sobre papel de cocina.

c) Pelar la cebolla y cortarla en cubos finos. Lavar las cebolletas, sacudirlas para secarlas y, salvo unos cuantos tallos para decorar, cortarlas en rollitos finos.

d) Mezclar vinagre, mostaza y azúcar. Rocíe aceite en un chorro fino. Sazone con sal, incluida la pimienta, y agregue el cubo de cebolla y el cebollino.

e) Limpiar la lechuga, lavarla y centrifugarla. Posiblemente. cortar más pequeño.

f) Corta las rebanadas de queso por la mitad horizontalmente.

g) Cubre una rodaja de pan integral de centeno con un poco de ensalada, 2 rodajas de manzana y 2 medias rodajas de queso. Frote un poco de aderezo.

h) Cubra las rebanadas restantes de pan integral de centeno y decore con cebollino.

i) Mezcle el resto de la ensalada y el aderezo. Servir en un bol y acompañar con el pan Harzer.

22. Aguacate Relleno De Tinga De Pollo

Rinde: 2 porciones

INGREDIENTES:
- 4 tomates
- ¼ de cebolla blanca
- 2 dientes de ajo
- 1 chile chipotle, seco
- 1 pizca de sal
- 1 pizca de pimienta
- 1 cucharada de aceite de oliva
- ½ cebolla blanca, fileteada
- ½ pechuga de pollo, desmenuzada
- 1 hoja de aguacate
- 2 aguacates
- 3 hojas de cilantro fresco
- ¼ de cebolla, rebanada
- 1 chile serrano, rebanado

INSTRUCCIONES:
a) Precalentar en el horno a 180°C.
b) Licúa el tomate con la cebolla blanca, el ajo y el chile chipotle. Sazonar y Reservar
c) Calienta un sartén a fuego medio con aceite de oliva, fríe la cebolla con la pechuga de pollo, agrega la preparación de la licuadora con una hoja de aguacate y cocina por 20 minutos o hasta que reduzca el líquido.
d) Rellena los aguacates con la tinga y hornea por 10 minutos.
e) Lava los aguacates con unas hojas de cilantro, tiras de cebolla morada y rodajas de chile serrano.

23. Merienda de brocheta de frutas

Rinde: 2 porciones

INGREDIENTES:
- 1 taza de sandía cortada en cubitos o corazones
- 1 taza de coco cortado en cubos o corazones
- 1 taza de kiwi cortado en cubitos o corazones
- $\frac{1}{4}$ de taza de arándanos

INSTRUCCIONES:

a) En un palito de brocheta inserta la fruta, inserta la sandía, luego el coco, luego el kiwi y entre cada fruta inserta un arándano.

b) Refrigera la fruta y lleva tu merienda a cualquier lugar. Disfrutar

24. Poke Bowls de atún y sandía

Hace 4

INGREDIENTES:
- 1 libra de atún aleta amarilla apto para sushi, en cubos
- 1 ½ tazas de sandía en cubos
- 1 ½ tazas de sandía o melón amarillo en cubos
- ½ taza de salsa ponzu
- 6 cucharadas de vinagre de arroz
- ¼ taza de aceite de sésamo tostado
- 2 cucharadas de mirín
- 2 cucharadas de tahini
- 4 cucharaditas de jengibre fresco rallado
- 4 cucharaditas de salsa asiática de chile y ajo

SERVIR
- Arroz para sushi cocido
- Edamame cocido y sin cáscara
- Salsa de mayonesa sriracha
- aguacate en rodajas
- Cilantro fresco
- cebolletas en rodajas finas
- Semillas de sésamo tostadas

INSTRUCCIONES
a) Coloque los cubos de atún en un tazón mediano.
b) Coloque los cubos de sandía en un tazón mediano aparte.
c) Procese la salsa ponzu, el vinagre, el aceite de sésamo, el mirin, el tahini, el jengibre y la salsa de chile y ajo en una licuadora hasta que quede suave, de 2 a 3 minutos.
d) Vierta la mitad de la mezcla de ponzu sobre el atún en un tazón; vierta la mezcla restante sobre la sandía en un recipiente aparte. cubrir los tazones; marinar en el

refrigerador hasta obtener el sabor deseado, de 1 a 2 horas.

e) Para servir, prepare el atún y la sandía con las opciones de porción deseadas en tazones para servir.

25. Tostadas Con Aguacate Y Fresa

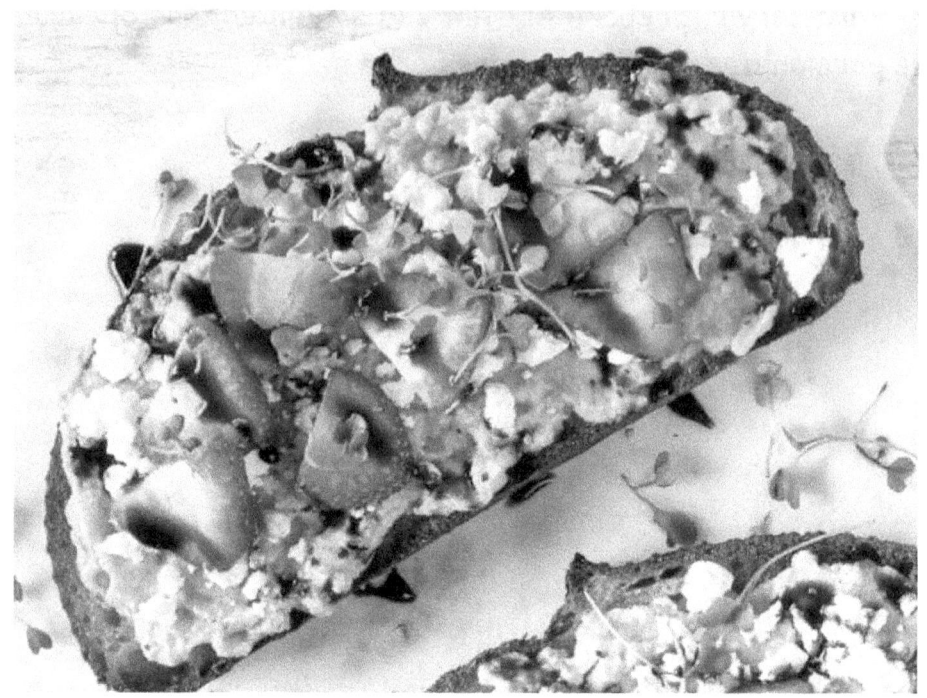

INGREDIENTES

- fresas en rodajas
- vinagre balsámico, para rociar
- aguacate maduro
- jugo de limon fresco
- sal marina
- pan tostado
- albahaca fresca
- semillas de cáñamo, opcionales para agregar proteínas

INSTRUCCIONES

a) Coloque las fresas en un tazón pequeño y mezcle con un chorrito de vinagre balsámico. Deje reposar durante 5 minutos.

b) Corta el aguacate por la mitad y luego córtalo en cubos. Agrega un chorrito de limón y una pizca de sal directamente al aguacate. Sácalo y usa el dorso de un tenedor para aplastarlo sobre la tostada.

c) Cubra las tostadas con fresas, albahaca, una pizca de semillas de cáñamo, si las usa, y más sal marina al gusto.

26. Timbal de berenjenas y hummus

INGREDIENTES:

- 3 berenjenas
- 300 g de garbanzos cocidos
- 1 diente de ajo
- jugo de 1 limon
- 1 cucharada de tahini
- 8-12 tomates cherry
- 2 cucharadas de aceite de oliva virgen extra
- 1 cucharadita de comino molido
- ½ taza de hojas de perejil
- Pimienta
- Sal

INSTRUCCIONES:

a) Hornear las berenjenas, limpiarlas y luego cortarlas en rodajas de aproximadamente ½ centímetro. A continuación, untas una bandeja de horno con aceite y colocas en ella las rodajas de berenjena, las espolvoreas y las asas a 180°C durante unos 15-20 minutos más o menos.

b) Haz el hummus. Para ello lava los garbanzos y tritúralos con los ajos pelados, el zumo de limón, el tahini y el comino. Luego salar y mezclar hasta obtener una masa con una textura fina. Luego, si es necesario, añade un poco de agua.

c) Prepara el acompañamiento. Por 1° lado blanqueamos el perejil, lo refrigeramos y lo trituramos con el aceite. Y luego, por otro lado, dorar los tomates y reservar.

d) Armar el plato, intercalar rodajas de berenjena con capas de hummus para formar un timbal tipo milenrama. Y se acompaña con los tomates dorados, un toque de aceite de perejil por encima y el plato, para después utilizar unas hojas de perejil entero.

27. Champiñones Rellenos De Salchichas

Hace: 1

INGREDIENTES:
- 2 salchichas
- 1 diente de ajo
- 2 cucharadas de queso crema
- 1 cucharada de linaza molida
- ½ cebolla

INSTRUCCIONES:
a) Quitar las tripas y sofreír la salchicha con los ajos machacados. Dejar de lado.
b) Luego retira los tallos de los champiñones y pícalos pequeños.
c) Mezcle los tallos de champiñones finamente picados con el queso crema y luego agregue la carne de salchicha enfriada.
d) Por último, añade las semillas de lino molidas y rellena los champiñones con la mezcla.
e) Coloca los champiñones en una cazuela grande y hornea a 160°C durante 25 minutos.

28. Aguacate Relleno De Amaranto

INGREDIENTES:
- 2 tazas de amaranto
- 3 piezas de aguacate
- 1 taza de tomates picados en cubos pequeños
- 1 cucharada de aceite de oliva
- $\frac{1}{4}$ de taza de cilantro, finamente picado
- Sal y pimienta

INSTRUCCIONES:
a) En un bol, mezcla el amaranto, el tomate y el cilantro. Sazone al gusto.

b) Corta los aguacates por la mitad, luego retira el hueso y rellena con la mezcla de amaranto.

c) Vierte un poco de aceite de oliva sobre el aguacate relleno.

d) Servir frío.

SÁNDWICHES Y WRAPS

29. Sándwich Proteico con Atún

Hace: 2

INGREDIENTES
- 4 onzas de atún enlatado
- ½ aguacate mediano
- ¼ de taza de yogur griego natural
- ½ taza de pepino inglés, cortado en cubitos
- ¼ de taza de aceitunas verdes, picadas
- ¼ de taza de eneldo fresco, picado
- ½ limón, exprimido
- 1 cucharadita de ajo en polvo
- Sal + pimienta al gusto

INSTRUCCIONES
a) Cortar el pepino en dados, picar las aceitunas y el eneldo. Dejar de lado.

b) Triture el aguacate en un tazón grande. Luego, agregue todos los demás ingredientes al tazón.

c) Mezclar todo hasta que esté bien combinado, ajustando las estaciones al gusto.

d) Coloque la ensalada de atún en lechuga o agréguela a sándwiches, tostadas, pitas o ensaladas. Las sobras se pueden guardar tapadas en el frigorífico durante unos días.

30. Rollitos de primavera con salsa tailandesa de mango

Rinde: 8 porciones

INGREDIENTES
SALSA DE MANGO TAILANDESA:
- 1 mango maduro, cortado en cubitos
- 1 trozo (1 pulgada) de jengibre fresco, rallado
- 2 cucharadas de salsa de chile dulce tailandesa
- 2 cucharadas de vinagre de arroz
- 1 lima, exprimida
- $\frac{1}{2}$ taza de albahaca tailandesa fresca y/o cilantro, picados

ROLLITOS DE PRIMAVERA VEGETALES:
- 1 aguacate grande, pelado, sin hueso y en rodajas finas
- 2 tazas de vegetales frescos
- Sal y pimienta para probar
- $\frac{1}{2}$ taza de hojas de cilantro
- $\frac{1}{2}$ taza de hojas de menta fresca
- 8 envoltorios de papel de arroz
- 1 cucharadita de maní picado, para cubrir

INSTRUCCIONES
a) En una licuadora, combine todos los ingredientes de la salsa excepto la albahaca y el cilantro. Licue hasta que quede suave, agregue la albahaca y el cilantro y presione hasta que estén picados. Vierte en un bol, tapa y guarda en el frigorífico hasta el momento de servir.

b) Exprime un poco de jugo de lima sobre el aguacate en rodajas. Crea una línea de montaje de verduras y hierbas para que estén todas listas.

c) Llene un plato poco profundo con agua tibia. Agrega una hoja de papel de arroz, una a la vez, durante 5 a 10 segundos. Retirar y colocar sobre una superficie plana.

d) Hacia un extremo de la envoltura de arroz, comience a colocar capas con 1 o 2 rodajas de aguacate, pequeños puñados de cilantro fresco y menta, y un puñado de verduras.

e) Espolvorea las verduras con sal y pimienta. Dobla ambos extremos hacia el centro y enrolla la hoja lo más fuerte que puedas sin romperla.

f) Coloque cada rollito de primavera preparado en una fuente para servir y cúbralo con papel de aluminio para evitar que se sequen.

g) Continúe con los ingredientes restantes y agréguelos al plato mientras trabaja. Mantenga los rollitos de primavera cubiertos con papel de aluminio en todo momento.

h) Sirva los rollitos de primavera con la salsa de mango y maní picado (si lo desea).

31. Wrap de pavo y aguacate

Rinde: 2 porciones

INGREDIENTES:
- 4 rebanadas de tocino crudo; cortado en cubitos
- ½ taza de aguacate picado
- ½ taza de tomates picados; semillas descartadas
- ½ taza de cebolla morada finamente picada
- 2 cucharadas de albahaca fresca picada
- 1 cucharadita de jugo de limón fresco
- Sal kosher
- Pimienta
- ¼ de libra de pavo ahumado en rodajas finas
- 1 taza de rúcula picada bien compacta
- 2 tortillas de harina

INSTRUCCIONES:
a) Calienta una sartén antiadherente grande a fuego medio. Agregue el tocino y cocine hasta que esté crujiente y dorado, aproximadamente 5 minutos, revolviendo ocasionalmente. Con una espumadera, transfiera el tocino a un plato forrado con papel toalla.

b) Combine el aguacate, el tomate, la cebolla, la albahaca, el jugo de limón y el tocino en un tazón pequeño.

c) Sazone con sal y pimienta kosher al gusto.

d) Calienta las tortillas en una sartén antiadherente grande a fuego medio-alto, unos 15 segundos por cada lado. Las tortillas también se pueden calentar en el microondas a temperatura alta durante 10 o 15 segundos, o envolverlas en papel de aluminio y calentarlas en el horno a 350 grados durante 3 a 5 minutos.

e) Divida la mezcla de aguacate de manera uniforme entre las tortillas y extiéndala sobre cada una, dejando al menos un borde de 1 pulgada alrededor del borde. Divida el pavo y la rúcula entre las tortillas y colóquelos encima de la mezcla de aguacate en un rectángulo de 2 por 5 pulgadas en la mitad inferior de cada tortilla.

f) Dobla los bordes derecho e izquierdo de la tortilla sobre el relleno, hacia el centro. Dobla el borde inferior de la tortilla hacia el centro y enrolla suavemente hasta que la tortilla esté completamente envuelta alrededor del relleno.

32. Wraps vegetarianos de champiñones con pesto

Rinde: 1 envoltura

INGREDIENTES
- 1 envoltura de tortilla
- 1 champiñones portobello grandes o 1,5 más pequeños
- 1 cucharadita de vinagre balsámico
- aceite de oliva, para cocinar
- 1 cucharada de mayonesa
- 1 cucharada de pesto
- 2 dientes de ajo, picados
- 1 puñado de espinacas tiernas
- 3 tomates cherry, en cuartos
- 2 cucharadas de queso feta, desmenuzado
- ¼ de aguacate, en rodajas o en cubos
- 4-6 rodajas finas de cebolla morada

INSTRUCCIONES
a) Prepara los champiñones. Rocíe el vinagre balsámico sobre ellos, agregue el ajo y mezcle para combinar.
b) Reserva mientras preparas el resto del wrap.
c) Unte la mayonesa y el pesto sobre el wrap.
d) Ahora cocina tus champiñones. Calentar un poco de aceite en una sartén y sofreír por cada lado hasta que estén bien dorados y reducidos, presionando con la espátula de vez en cuando para que suelte líquido.
e) Una vez listo, agréguelo directamente a la parte superior del wrap.
f) Enrolla la tortilla, sellándola por los extremos y córtala por la mitad. Atender.

33.y Quesadillas de Aguacate y Emmental

Rinde: 4 porciones

INGREDIENTES
- 8 quesadillas de elote
- 2 aguacates, rebanados
- 80 g de tacos o lonchas de jamón
- 120 g de queso emmental rallado

INSTRUCCIONES
a) Coloca 1 tortilla de maíz en 4 platos diferentes. Sobre cada uno coloca el aguacate, el jamón y el queso.
b) Tapar y hornear durante 2-3 minutos a temperatura suave.
c) Retirar del horno y dejar reposar 2-3 minutos sin destapar.
d) Colocar en una bandeja, cortar en porciones y disfrutar.

34. Burritos de repollo

INGREDIENTES:
- 1 col verde o china (12 hojas)
- 300 g de carne molida
- 1 diente de ajo
- 400 ml de tomates cortados en cubitos
- 1 cucharada de puré de tomate
- 1 cucharada de hierbas para tacos
- 1 lata pequeña de maíz
- 2 manos de queso rallado
- 100 gr de alubias

INSTRUCCIONES:
a) Picar la cebolla y luego el ajo y sofreír en una sartén.
b) Agrega la carne picada y luego las hierbas para tacos. Hornea esto suelto.
c) Agregue el puré de tomate y los cubos y luego el maíz y los frijoles escurridos. Deja que este relleno de burrito hierva a fuego lento durante unos minutos.
d) Mientras tanto, hierva agua.
e) Calienta el horno a 180 grados. Cortar las hojas de col y hervirlas (en 2 o 3) durante uno o dos minutos en la sartén y luego escurrir bien.
f) Coloque 2 hojas de col una al lado de la otra para que se superpongan ligeramente.
g) Vierta un poco del relleno del burrito por un lado, espolvoree con un poco de queso y luego enrolle con cuidado. No presiones demasiado.
h) Repite esto con el resto de las hojas de col y el relleno. Si están todos en la fuente para horno, espolvoréalos con un poco más de queso.

i) Luego coloque la fuente para hornear dentro del horno durante unos 15 minutos.

j) Sirve los carbohidratos con un poco de arroz.

35. Hamburguesa vegetariana

Hace: 8

INGREDIENTES
- 2 cucharadas de aceite de oliva virgen extra, más para rociar
- 2 chalotes, picados (⅔ taza)
- 16 onzas de champiñones, mezcla de shiitake + portobello, sin tallos y cortados en cubitos
- 2 cucharadas de tamari
- 2 cucharadas de vinagre balsámico
- 1 cucharada de mirin o ½ cucharadita de jarabe de arce
- 2 dientes de ajo, picados
- ½ cucharadita de pimentón ahumado
- 2 cucharaditas de sriracha, más si lo deseas
- ½ taza de nueces picadas
- ¼ de taza de linaza molida
- 2 tazas de arroz integral cocido de grano corto
- 1 taza de pan rallado panko, cantidad dividida
- Salsa inglesa vegana, para untar
- Aerosol antiadherente para cocinar, para asar
- Panes de hamburguesa y guarniciones deseadas para hamburguesas
- Sal marina y pimienta negra recién molida

INSTRUCCIONES
a) Calienta el aceite de oliva en una sartén mediana a fuego medio. Agrega la chalota y saltea hasta que esté suave, 1 minuto. Agregue los champiñones y una pizca generosa de sal, y saltee hasta que estén suaves y dorados, de 6 a 9 minutos, bajando ligeramente el fuego, según sea necesario.

b) Agrega el tamari, el vinagre y el mirin. Revuelva, reduzca el fuego y luego agregue el ajo, el pimentón ahumado y la sriracha. Retirar la sartén del fuego y dejar enfriar un poco.

c) En un procesador de alimentos, combine los champiñones salteados, las nueces, la linaza, el arroz integral y $\frac{1}{2}$ taza de panko. Pulse hasta que esté combinado. La mezcla debe mantenerse unida al pellizcarla, pero aún debe tener algo de textura.

d) Transfiera a un tazón grande y agregue el panko restante.

e) Forme 8 hamburguesas, colóquelas en un plato grande y enfríe en el frigorífico durante 1 hora.

f) Si vas a asar las hamburguesas, precalienta una parrilla a fuego medio-alto. Unte las hamburguesas con aceite de oliva y rocíe la parrilla con aceite en aerosol. Coloque las hamburguesas en la parrilla y use una espátula para presionar ligeramente. Ase durante 7 minutos por el primer lado, voltee y ase durante 6 a 7 minutos por el segundo lado, o hasta que esté bien carbonizado y bien cocido.

g) Alternativamente, cocina las hamburguesas en la estufa. Calienta una sartén de hierro fundido a fuego medio. Cubra el fondo de la sartén con aceite y cocine las hamburguesas de 5 a 6 minutos por lado, o hasta que estén bien carbonizadas y bien cocidas.

h) Retirar del fuego, untar con salsa inglesa y servir con las guarniciones deseadas.

PLATO PRINCIPAL

36. Boloñesa sencilla y esencial

INGREDIENTES:
- 1 cebolla amarilla pequeña
- 1 zanahoria delgada
- 1 costilla de apio
- 2 dientes de ajo (opcional)
- 2 onzas de panceta, cortada en cubitos (opcional) o 2 a 3 cucharadas de aceite de oliva
- Sal kosher
- Pimienta negra y pimiento rojo en hojuelas recién molidas
- 1 libra de carne molida (80/20 u 85/15)
- 1/2 taza de leche entera o 3/4 taza de leche baja en grasa
- 1/2 taza de vino blanco seco
- 1 lata de 6 onzas de pasta de tomate
- Agua
- 1 hoja de laurel
- Unas ralladuras de nuez moscada fresca
- 1 libra de tallarines secos

INSTRUCCIONES:
PREPARA TUS VERDURAS:
a) Comienza cortando la cebolla, la zanahoria y el apio en trozos grandes. Si tiene un procesador de alimentos o una licuadora potente, presione estas verduras (y el ajo si lo usa) hasta que estén finamente picadas.

b) Si no tienes uno, puedes picar finamente las verduras con un cuchillo hasta que parezcan trozos pequeños, desde cuscús hasta guisantes.

CONSTRUYE EL SABOR BASE:

c) Caliente una olla pesada mediana/grande o una olla (de 4 a 5 cuartos) a fuego medio-alto. Si estás usando panceta, agrégala a la olla y déjala cocinar hasta que esté crujiente y haya perdido un poco de grasa. Si no vas a usar panceta, cubre el fondo de la olla con aceite de oliva y deja que se caliente.

d) Agrega las verduras picadas y sazonalas generosamente con sal, pimienta y una pizca o dos de hojuelas de pimiento rojo. Cocine las verduras hasta que estén doradas uniformemente, revolviendo frecuentemente durante unos 10 minutos. Agregue la carne molida, sazone generosamente con sal y pimienta y cocine hasta que esté bien dorada, lo que debería tomar unos 10 minutos.

e) Si usa leche, agréguela ahora y cocine hasta que desaparezca, lo que debería tomar entre 3 y 4 minutos. Luego añade el vino blanco y cocina hasta que se haya evaporado, siguiendo el mismo tiempo. Agrega la pasta de tomate y cocínala por otros 3 a 4 minutos.

f) Agrega 2 tazas de agua, una hoja de laurel y unas ralladuras de nuez moscada fresca. Lleva la mezcla a fuego lento, luego reduce el fuego a medio-bajo. Ahora ha llegado a la parte de la receta para "retirarse".

COCINAR EL RAGÙ:

g) Durante las siguientes 3 horas (o más si lo prefieres), revuelve la salsa de vez en cuando, revisando cada 30 minutos. A medida que el agua de la salsa se vaya cocinando, agregue más, pero no más de 1 taza a la vez para evitar que la carne hierva. Pruébalo de vez en cuando y ajusta la sazón si es necesario. Cocine a fuego lento durante al menos 3 horas y puede dejar que se cocine por más tiempo si lo desea. Retire y deseche la hoja de laurel.

PARA TERMINAR:

h) Cocine la pasta en agua con sal hasta que le falten entre 1 y 2 minutos para estar lista. Antes de escurrir, vierta 2 tazas de agua de cocción en una jarra. Agrega la pasta escurrida directamente al ragú, junto con 1/2 a 1 taza del agua reservada. Cocine la pasta y la salsa juntas durante 1 a 2 minutos, agregando más agua de la pasta si es necesario para mantenerla en movimiento.

i) Servir en tazones amplios. Si bien el parmesano rallado no es tradicional, puedes agregarlo si te hace feliz.

j) Si te sobra boloñesa, se congela de maravilla. Colóquelo en una bolsa, retire el exceso de aire y congélelo. Para utilizarlo, descongela en el frigorífico y vuelve a ponerlo a hervir a fuego lento en la misma olla, añadiendo un par de chorritos de agua para que se suelte.

37. Arroz Frito con Verduras y Tofu

Hace: 3

INGREDIENTES
- 3 tazas de arroz cocido
- 2 cucharadas de aceite de cocina
- 2 cucharaditas de aceite de sésamo
- ½ taza de cebolla picada
- 5-6 ajos picados
- 2 cucharaditas de jengibre rallado
- 1 zanahoria en cubos
- 1 calabacín en cubos
- 2 tazas de repollo rojo
- ½ taza de guisantes congelados
- 1 paquete de tofu extra firme prensado y en cubos

PARA LA SALSA:
- 3 cucharadas de salsa de soja baja en sodio O tamari
- 1 cucharada de vinagre de arroz O jugo de limón
- 1 cucharada de sambal olek O cualquier salsa de chile picante de su elección
- 2 cucharaditas de azúcar o agave
- 1 cucharada de mantequilla de maní opcional
- Un par de vueltas de pimienta
- Sal
- ¼ de taza de maní tostado opcional

INSTRUCCIONES
a) Batir los ingredientes para las salsas en un bol y tenerlo listo.
b) Calienta ambos aceites en una sartén o wok.

c) Una vez caliente, agregue la cebolla y cocine hasta que esté transparente. Agregue el jengibre, el ajo y saltee hasta que se doren.
d) Ahora agregue las verduras.
e) Las verduras duras como las zanahorias van primero. Tardará unos 2 minutos en cocinarse.
f) Agregue la mezcla de salsa batida.
g) Seguido de calabacines, repollo y guisantes que tardan un minuto en cocinarse.
h) Agregue el tofu en cubos y revuelva suavemente para cubrir el tofu.
i) Cocínalo durante 30 segundos.
j) Agrega el arroz y mezcla bien. Cocine tapado por un minuto.
k) Cúbrelo con maní tostado y sírvelo caliente.

38. Pollo al horno con arroz integral

Rinde: 4 porciones

INGREDIENTES:
- 6 mitades de pechuga de pollo
- 1 y ½ tazas de apio picado
- 1 y ½ tazas de cebolla
- 1 cucharadita de estragón fresco
- 2 tazas de caldo de pollo sin sal
- 1 más ½ tazas de vino blanco seco
- 2 tazas de arroz integral cocido

INSTRUCCIONES:
a) Limpiar las pechugas de pollo, lavarlas, secarlas y cortarlas en cubos pequeños.
b) En un bol colocar el pollo cortado, el apio picado, la cebolla picada, el estragón y 1 taza del caldo de pollo sin sal, mezclando todo y dejando marinar media hora.
c) Coloca en una sartén con una cucharadita de aceite de oliva y cocina a fuego medio hasta que el pollo y las verduras estén tiernos unos 10 minutos.
d) Retirar y dejar enfriar.
e) En una fuente para horno mezcla el vino, 1 taza de caldo y el arroz integral cocido, agrega el pollo y coloca todo en una fuente para horno.
f) Cubre el papel aluminio con papel de aluminio y cocina en horno precalentado a 200° C durante unos 15 minutos.
g) Retirar y servir caliente.

39. Berenjenas Rellenas De Arroz

Rinde: 6 porciones

INGREDIENTES
- ½ taza de arroz basmati blanco
- 3 libras de berenjenas (3 grandes)
- Sal kosher
- ¼ taza de piñones tostados
- 2 tazas de garbanzos enlatados, escurridos
- ½ taza de perejil fresco, picado en trozos grandes
- ½ taza de hojas de menta fresca, picadas en trozos grandes
- ¾ taza de aceite de oliva virgen extra, cantidad dividida
- 1 cebolla morada, pelada y picada
- 48 onzas de tomates asados al fuego cortados en cubitos (3 latas)
- 4 dientes de ajo asados, picados
- ½ cucharadita de canela
- ¼ cucharadita de pimienta de Jamaica
- 2 limones frescos, exprimidos
- 2 cucharadas de pasta de tomate
- Pizca de pimienta de cayena
- Sal y pimienta

INSTRUCCIONES
a) Cubre el arroz con agua fría y 1 cucharadita de sal; remojar durante 30 minutos antes de cocinar.
b) Arroz blanco en remojo en un recipiente con agua.
c) Corta los tallos de las berenjenas y córtalas por la mitad a lo largo. Saque las semillas centrales y la pulpa de las mitades de berenjena con un descorazonador de

verduras o un sacabolas de melón, dejando una pared de ½ pulgada alrededor del borde exterior.

d) Sacar los centros de las mitades de berenjena.

e) Espolvorea las mitades de berenjena con sal kosher y déjalas reposar en un bol durante 30 minutos para quitarles el amargor. Enjuague la sal con agua, séquelos y colóquelos cómodamente en una fuente para hornear de 9×13.

f) Mitades de berenjena en una bandeja para hornear.

g) Tuesta los piñones en una sartén a fuego medio, revolviendo constantemente, hasta que estén bien dorados (¡no dejes que se quemen!).

h) Asa tus dientes de ajo.

i) Los piñones se tuestan en seco en una sartén.

j) Precaliente su horno a 350 grados F. Coloque su procesador de alimentos con una cuchilla de metal. Pulse los garbanzos, el perejil y la menta hasta que estén picados en trozos grandes. ¡No proceses demasiado o terminarás con hummus verde! Simplemente púlselo unas cuantas veces para picar los garbanzos y las hierbas. Vierta los ingredientes en un tazón para mezclar.

k) Engrasa una sartén grande con 1 cucharada de aceite de oliva. Saltear la cebolla hasta que esté dorada y caramelizada. Agrega la mitad de la cebolla al tazón y reserva la otra mitad en la sartén.

l) Garbanzos y condimentos en un procesador de alimentos.

m) Escurre el arroz remojado, enjuágalo y luego agrégalo al tazón junto con piñones tostados, 1 lata de tomates cortados en cubitos, ¼ de taza de aceite de oliva, ajo asado, perejil, canela, pimienta de Jamaica y jugo de 1 limón. Mezcle bien los ingredientes con un tenedor y luego sazone generosamente con sal y pimienta. Pruebe la mezcla, agregue condimentos adicionales si lo desea.

n) Vierta el relleno sin apretar en las mitades de berenjena (el relleno se expandirá durante la cocción). Rocíe las berenjenas rellenas con aceite de oliva.

o) Mitades de berenjena rellenas.

p) En la sartén donde reservaste la mitad de la cebolla cocida, vierte las 2 latas restantes de tomates asados al fuego, ¼ de taza de aceite de oliva, el jugo de 1 limón, 2 cucharadas de pasta de tomate y una pizca de pimienta de cayena. Mezcle los ingredientes y caliente a fuego medio hasta que la salsa burbujee. Retirar del fuego y sazonar con sal y pimienta al gusto.

q) Salsa de tomate en una sartén.

r) Vierta la salsa uniformemente sobre las mitades de berenjena rellenas. Cubre la fuente para hornear con papel de aluminio. Coloca la fuente en el horno y déjala cocinar durante 45 minutos. Retire el papel de aluminio de la fuente para hornear y continúe cocinando durante 15 a 30 minutos más hasta que la berenjena esté tierna y el relleno bien cocido. Servir caliente.

40. Champiñones y judías verdes con almendras

INGREDIENTES:

- 16 onzas de judías verdes frescas, con las puntas recortadas
- 8 onzas de champiñones cremini, en rodajas finas
- ½ taza de almendras rebanadas
- 2-3 cucharadas de aceite de oliva virgen extra
- 2 dientes de ajo, finamente picados
- pizca de sal y pimienta al gusto

INSTRUCCIONES

a) Precalienta una sartén grande a fuego medio (me gusta usar hierro fundido para esto). Agrega el aceite a la sartén, luego agrega las judías verdes y sazona con una pizca de sal y pimienta. Revuelva frecuentemente durante 3-4 minutos.

b) A continuación, añade a la sartén los champiñones laminados y el ajo picado. Revuelva bien todo para combinar. Luego cocínelo por otros 4-5 minutos, revolviendo ocasionalmente.

c) Cuando las judías verdes estén tiernas y crujientes y los champiñones se hayan dorado ligeramente, sazone con otra pizca de sal y pimienta.

d) Transfiera las verduras a una fuente para servir y cubra con las almendras rebanadas.

41. Bacalao al vapor

INGREDIENTES:
- 4 filetes de bacalao (de 150 g)
- 4 cucharadas de jugo de limón
- 2 puerros
- 3 cucharadas de aceite de colza
- 100 ml de caldo de verduras
- Sal
- Pimienta
- tomillo seco
- 1 manojo de cebollino
- 1 limón orgánico

INSTRUCCIONES:
a) Enjuague los filetes de pescado, séquelos y rocíelos con 2 cucharadas de jugo de limón. Limpiar los puerros, lavarlos y cortarlos en aros.

b) Calienta 1 cucharada. Engrase una sartén, seque el pescado y saltee durante 2 minutos a fuego medio. Luego dale la vuelta, añade el resto del zumo de limón y 50 ml de caldo de verduras y tapa, cocina durante 5-7 minutos a fuego lento.

c) Mientras tanto, caliente el aceite restante en una cacerola, saltee los aros de puerro a fuego medio durante 2 minutos, sazone con sal, pimienta y tomillo.

d) Agrega el caldo de verduras restante y cocina el puerro durante 5 minutos a fuego lento.

e) Mientras tanto, lave las cebolletas, sacúdalas y córtelas en rollos pequeños. Enjuague el limón caliente y córtelo en cuartos.

f) Sazone los filetes de pescado y los puerros con sal y pimienta, colóquelos en platos y decore con cebollino y cuartos de limón.

42. Pescado en Tazón con Leche de Coco

Rinde: 4 porciones

INGREDIENTES:
- 400 gramos de zanahorias
- 2 cucharadas de aceite
- 2 cucharaditas de pasta de curry rojo
- 1 diente de ajo
- 4 pimientos
- 1 cucharada de leche de coco
- Jugo de 1 lima
- Sal
- Pimienta
- 600 gramos de bacalao u otro pescado blanco
- 1 cucharada de maicena o harina de trigo
- 1 cebolleta

INSTRUCCIONES:
a) Pelar y cortar las zanahorias. Pon el horno a 200 grados.
b) Pon el aceite en la sartén y frota la pasta de curry (o curry normal) a fuego medio. Pon las zanahorias en la sartén y déjalas cocer unos minutos mientras cortas los ajos y los pimientos.
c) Agrega las zanahorias para que no se quemen.
d) Cortar los ajos, cortarlos en rodajas finas y colocar en la sartén. Enjuagar los pimientos, cortarlos en cubos y colocarlos en la sartén. Tómate unos minutos para permitir que los pimientos agreguen un poco de líquido y los pequeños bocados comiencen a ablandarse.
e) Agrega la leche de coco y cocina a fuego lento. Prueba la salsa de coco con jugo de lima, sal y pimienta.

f) Limpiar las cebolletas, cortarlas en rodajas y mezclarlas con la salsa (dejar algo para espolvorear el bol terminado).

g) Limpiar el pescado y secarlo con una toalla de papel pequeña o un paño de cocina limpio, sazonar con sal y pimienta.

h) Vierte la salsa de coco en una sartén y coloca encima los trozos de pescado. Revuelve el horno durante unos 12 minutos o hasta que el pescado esté tierno pero aún jugoso.

i) Espolvorea las últimas cebolletas encima y cómete la cáscara tal como está.

43. Poké Bowl con Salmón

INGREDIENTES:
- 250 gr filete de salmón fresco
- 1 aguacate
- 150 gr arroz (sushi)
- 2 cucharadas de vinagre de arroz
- ½ pepino
- semillas de sésamo
- 175 gramos de mango
- 30 gramos de alfalfa
- 2 cucharadas de mayonesa
- 2 cucharadas de jugo de lima
- hojuelas de chile al gusto

SALMÓN ADOBADO:
- 1 cucharada de salsa de soja
- 1 cucharada de aceite de sésamo
- 1 cucharada de jugo de lima

INSTRUCCIONES:
a) Cortar el salmón en dados, añadir los ingredientes para la marinada y reservar tapado en el frigorífico el mayor tiempo posible.

b) Prepara el arroz y luego espolvorea con vinagre de arroz.

c) Corta el pepino, el mango y el aguacate en trozos.

d) Mezclar los ingredientes para la salsa. Divida los cubos de salmón, arroz, pepino, aguacate y mango en 2 tazones y divídalos en planos separados.

e) Adorne con un poco de alfalfa, salsa de mayonesa de lima y semillas de sésamo.

44. Salmón con salsa de aguacate

Hace: 1

INGREDIENTES:
- ½ cucharada de aceite de oliva
- ¼ cucharadita de sal
- ½ cucharadita de pimienta negra
- ½ cucharadita de pimentón en polvo
- 115 gramos de filete de salmón
- ½ aguacate
- ¼ de cebolla morada
- 1 cucharada de jugo de limón fresco
- 1 cucharada de cilantro fresco
- 3 tomates cherry

INSTRUCCIONES:
a) Mezcle el aceite, la sal, la pimienta y el pimentón en un bol.
b) Rebozar el filete de salmón junto con la marinada y meter en el frigorífico durante 30 minutos.
c) Ralla el salmón por ambos lados durante 2 minutos a fuego alto.
d) Mezcle el aguacate, los tomates picados, ¼ de cebolla morada, el jugo de una lima, 1 cucharada de aceite de oliva y sal al gusto en un recipiente aparte.
e) Sirve el salmón sobre la salsa de aguacate y decora con cilantro picado. Sirva con una ensalada verde mixta.

45. Calabaza Espaguetis con Camarones

INGREDIENTES:

- 2 cucharadas de aceite de sésamo
- 2 cucharadas de cebolla blanca finamente picada
- 1 cucharada de ajo finamente picado
- 1 cucharada de jengibre finamente picado
- 1 taza de zanahoria cortada en tiras
- ½ taza de soja
- 1 taza de guisantes chinos
- 1 taza de camarones limpios
- 2 trozos de calabaza cortados en tiras finas
- 1 taza de perejil
- 2 cucharadas de chile
- 1 taza de cebolla picada, cortada en tiras
- 1 pizca de sal
- 1 pizca de pimienta

INSTRUCCIONES:

a) Calienta una sartén honda o un wok de comida oriental a fuego medio con el aceite de sésamo.

b) Agrega la cebolla blanca, con los ajos hasta que tengan un color brillante, agrega el jengibre y cocina 3 minutos más.

c) Agrega la zanahoria con la salsa de soya, agrega la arveja china con los camarones a cocinar, agrega la calabaza, las hojas de perejil, sazona con el chile, aros de cebolla y sal y pimienta a tu gusto.

d) Servir y disfrutar.

46. Camarones A La Mexicana

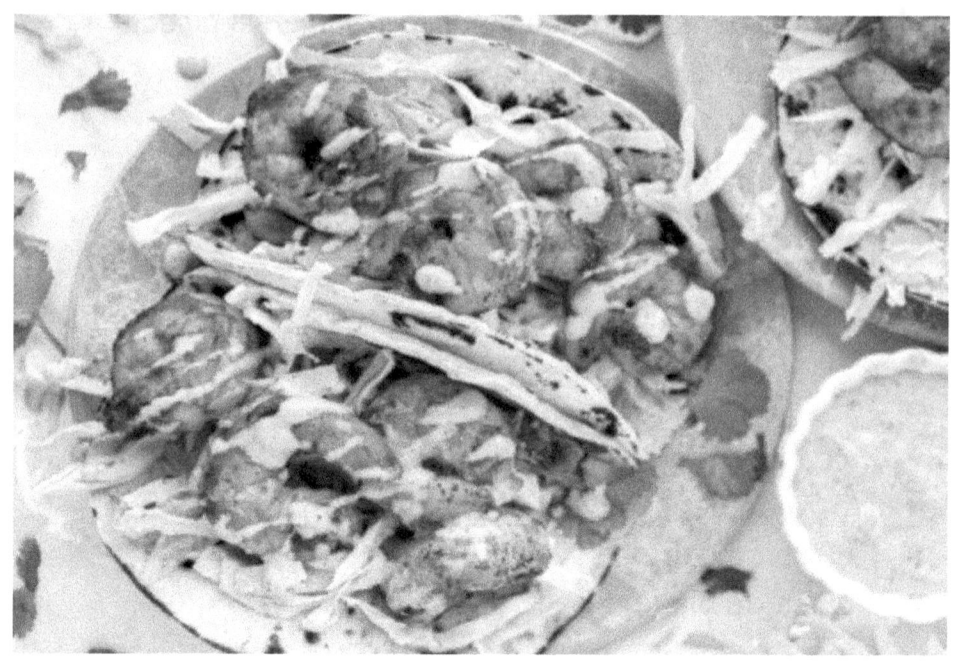

Hace: 4 porciones

INGREDIENTES:
- 1 cucharada de aceite de oliva virgen extra
- 1 cucharadita de chile en polvo
- 1 cucharadita de sal baja en sodio
- 1 libra. camarones medianos, pelados y desvenados
- 1 aguacate, sin hueso y cortado en cubitos
- Lechuga rallada, para servir
- Cilantro fresco, para servir
- 1 lima, cortada en gajos

PARA LAS TORTILLAS:
- 6 claras de huevo
- $\frac{1}{4}$ taza de harina de coco
- $\frac{1}{4}$ taza de leche de almendras
- $\frac{1}{2}$ cucharadita de sal baja en sodio
- $\frac{1}{2}$ cucharadita de comino
- $\frac{1}{4}$ cucharadita de chile en polvo

INSTRUCCIONES:
a) Combine todos los ingredientes de la tortilla .
b) Calienta una sartén y mezcla el aceite de oliva, el chile en polvo y la sal baja en sodio y mezcla con los camarones para cubrirlos. Dejar de lado.
c) Cubra la sartén con aceite de almendras en aerosol y vierta un poco de masa sobre la sartén en una capa fina. capa.
d) Cocine por 2 minutos , déle la vuelta y cocine por otros 2 minutos hasta que esté ligeramente dorado .
e) Cubra cada tortilla con camarones, lechuga, aguacate y cilantro.

47. Salmón Al Limón Y Tomillo

Hace: 4 porciones

INGREDIENTES:
- 1 limón, en rodajas finas
- 1 cucharada de tomillo fresco
- Pieza de salmón de 32 onzas
- 1 cucharada de alcaparras
- Una pizca de sal baja en sodio y pimienta recién molida.
- Aceite de oliva

INSTRUCCIONES:
a) Forre una bandeja para hornear con borde con papel pergamino .
b) Coloque capas de salmón, con la piel hacia abajo, sobre la bandeja para hornear preparada.
c) Condimentar con sal y pimienta.
d) Acomoda las alcaparras , el limón en rodajas y el tomillo. sobre el salmón
e) Hornee a 400 grados F durante 25 minutos.

48. Gambas al ajillo y calabaza espagueti

Hace: 4 porciones

INGREDIENTES:
PARA LOS ESPAGUETIS:
- 1 calabaza espagueti , ablandada y cortada por la mitad a lo largo
- Aceite de oliva virgen extra, para rociar
- Sal y pimienta bajas en sodio
- 1 cucharadita de orégano seco
- 1 cucharadita de albahaca seca

PARA LAS Gambas con Gambas:
- 8 onzas de camarones, pelados y desvenados
- 3 cucharadas de mantequilla
- 2 cucharadas de aceite de oliva virgen extra
- 2 dientes de ajo, picados
- Una pizca de hojuelas de pimiento rojo
- Una pizca de sal y pimienta
- 1 cucharada de perejil fresco, picado
- Jugo de 1 limón
- Ralladura de medio limón

INSTRUCCIONES:
a) Precalienta el horno a 400 grados F.
b) Coloca las mitades de calabaza. en una bandeja para hornear con borde.
c) Rocíe con aceite y una pizca de condimentos.
d) Hornear en el horno durante 50 minutos .
e) Raspa el interior con un tenedor para desmenuzar la calabaza en tiras.
f) Derrita la mantequilla y el aceite de oliva en una sartén a fuego medio.
g) Agrega el ajo y saltea durante 3 minutos.

h) Incorpora los camarones , la sal, la pimienta y las hojuelas de pimienta.
i) Cocine por 5 minutos, hasta que los camarones estén bien cocidos.
j) Retire del fuego y agregue la calabaza espagueti cocida.
k) Mezcle con jugo y ralladura de limón.
l) Cubra con perejil.

49. Bacalao en salsa de tomate

Hace: 5

INGREDIENTES:
- 2 cucharadas de aceite de oliva
- 3 cucharadas de pasta de tomate
- 1 cucharadita de eneldo seco
- 2 cucharaditas de zumaque
- 2 cucharaditas de cilantro molido
- $1\frac{1}{2}$ cucharaditas de comino molido
- 1 cucharadita de cúrcuma en polvo
- 1 cebolla dulce, picada
- 8 dientes de ajo machacados
- 2 chiles jalapeños, picados
- 2 cucharadas de jugo de lima
- 5 tomates medianos, picados
- $\frac{1}{2}$ taza de agua
- 5 filetes de bacalao
- Pizca de sal
- Una pizca de pimienta negra molida

INSTRUCCIONES:
a) Para la mezcla de especias: Coloque el eneldo y las especias en un bol y mezcle bien.
b) Calentar el aceite en un wok y sofreír la cebolla durante unos 2 minutos.
c) Saltee durante unos 2 minutos con el ajo y el jalapeño.
d) Agregue los tomates, la pasta de tomate, el jugo de limón, el agua, la mitad de la mezcla de especias, la sal y la pimienta y deje hervir.
e) Cocine tapado durante unos 10 minutos a fuego medio-bajo, revolviendo periódicamente.

f) Sazone los filetes de bacalao uniformemente con la mezcla de especias restante, sal y pimienta.
g) Coloca los filetes de pescado en el wok y presiónalos ligeramente en la mezcla de tomate.
h) Pon el fuego a medio-alto y cocina durante unos 2 minutos.
i) Cocine a fuego lento , tapado, durante unos 15 minutos.

50. Tilapia al jengibre

Hace: 5

INGREDIENTES:
- 5 filetes de tilapia
- 3 dientes de ajo machacados
- 2 cucharadas de jengibre fresco, picado
- 2 cucharadas de coco sin azúcar, rallado
- 2 cucharadas de aminoácidos de coco
- 8 cebolletas, picadas
- 2 cucharadas de aceite de almendras

INSTRUCCIONES:
a) En una sartén, derrite el aceite de almendras a fuego alto y fríe los filetes de tilapia durante unos 2 minutos por lado.
b) Agregue el ajo, el coco y el jengibre y cocine por 1 minuto.
c) Agrega los aminoácidos de coco y cocina por 1 minuto más.
d) Agrega la cebolleta y cocina por unos 2 minutos más.

51. Suizo C duro y eglefino

Hace: 1

INGREDIENTES:
- 2 cucharadas de aceite de almendras
- 2 dientes de ajo machacados
- 2 cucharaditas de jengibre fresco, finamente rallado
- 1 filete de eglefino
- Sal y pimienta negra molida
- 2 tazas de acelgas, picadas en trozos grandes
- 1 cucharadita de aminoácidos de coco

INSTRUCCIONES:
a) En una cacerola, derrita y sude 1 cucharada de aceite de almendras a fuego medio.
b) Durante aproximadamente 1 minuto, saltea el ajo y el jengibre.
c) Agrega el eglefino junto con sal y pimienta ; cocine durante 4 minutos por cada lado .
d) En otra sartén, derrita el aceite de almendras restante y cocine las acelgas y los aminos de coco durante unos 8 minutos.
e) Sirve el filete de salmón sobre las acelgas.

52. Fetuccini De Salmón

Rinde: 6 porciones

INGREDIENTES
- 12 onzas de salmón fresco, cortado en filetes
- Albahaca fresca
- Sal marina y pimienta al gusto.
- 1 cucharada de mantequilla clarificada
- Exprima un limón, aproximadamente 3 cucharadas.
- 2 dientes de ajo, picados
- 12 onzas de fettuccini de espelta, cocidos
- 20 hojas de espinaca

INSTRUCCIONES
a) Precalienta la parrilla.
b) Frote suavemente el salmón con sal y pimienta, luego cocine a la parrilla durante 6 minutos por lado hasta que se desmenuce fácilmente con un tenedor.
c) Calentar el jugo de limón y el ajo con mantequilla.
d) Mezcle la pasta, la salsa de mantequilla con ajo, las espinacas y la albahaca fresca en un plato para servir.

53. Solomillo de cerdo con hojaldre al horno

Rinde: 6 porciones

INGREDIENTES:
- 1 hoja de hojaldre
- 1 filete de cerdo
- 6 rebanadas de tocino
- 6 rebanadas de queso
- 1 huevo batido

INSTRUCCIONES:
a) Precalienta el horno a 220°C.
b) Sazone el filete con pimienta y dórelo en una sartén.
c) Reserva y deja enfriar.
d) Estirar la lámina de hojaldre.
e) En la parte central colocamos las lonchas de queso y luego las lonchas de tocino de forma que luego envuelvan el solomillo.
f) Una vez que el lomo esté frío, colócalo sobre el tocino.
g) Por último, cerrar el hojaldre.
h) Untar el solomillo de cerdo envuelto en hojaldre con el huevo batido y meter al horno unos 30 minutos.

54. Cerdo untado con chile con maíz y frijoles negros

Hace: 8

INGREDIENTES:
- 4 mazorcas de maíz fresco, sin cáscara
- 3 cucharadas de jugo de lima fresco
- ½ taza de caldo de pollo sin sal
- ⅓ taza de cebolla morada finamente picada
- 2 cucharadas de azúcar moreno oscuro
- Cilantro fresco
- 1 cucharada de chile chipotle en polvo
- 2 cucharaditas de cacao sin azúcar
- 2 lomos de cerdo, recortados
- 1 cucharadita de pimienta negra
- 2 cucharaditas de sal kosher
- 30 onzas de frijoles negros sin sal agregada, escurridos y enjuagados
- 3 cucharadas de aceite de oliva
- 1 lima entera

INSTRUCCIONES:
a) Coloque el maíz y el caldo de pollo en una olla eléctrica.
b) Mezcle el azúcar morena, 1 cucharada de aceite de oliva, el chile en polvo, el cacao, la pimienta negra y 1½ cucharaditas de sal en un bol.
c) Frote los solomillos con la masa y colóquelos encima del maíz en la Crockpot.
d) Cocine a fuego lento hasta que un termómetro insertado en la parte más gruesa de los lomos registre 140°F y el maíz esté tierno, de 2 horas y 30 minutos a 3 horas.

e) Corta los granos de las mazorcas y colócalos en un bol; agregue los frijoles, el cilantro, la cebolla morada, el jugo de limón y las 2 cucharadas restantes de aceite de oliva y $\frac{1}{2}$ cucharadita de sal.

f) Corta la lima restante en 8 gajos. Cortar el cerdo. Divida la mezcla de maíz y la carne de cerdo en rodajas en 8 platos; sirva con las rodajas de lima. Adorne con hojas de cilantro.

55. Nachos de cerdo con lima y miel

Hace: 8

INGREDIENTES:
- 1½ libras de lomo de cerdo deshuesado, recortado
- 1¼ cucharaditas de sal kosher
- 3 cucharadas de miel
- 3 cucharadas de jugo de lima fresco
- 1 cucharada de ajo rebanado
- 8 onzas de chips de tortilla multigrano horneados
- 4 onzas de queso pepper Jack, rallado
- ½ taza de tomates cortados en cubitos
- ⅓ taza de cebolla morada en rodajas finas
- ¼ de taza de cilantro fresco picado
- ⅓ taza de crema agria baja en grasa
- 2 cucharadas de leche entera
- 8 gajos de lima

INSTRUCCIONES:
a) Espolvorea la carne de cerdo con 1 cucharadita de sal y colócala en una olla eléctrica. Rocíe con miel y jugo de lima; cubra con las rodajas de ajo.

b) Cocine a fuego lento hasta que un termómetro insertado en la parte más gruesa de la carne de cerdo registre 140 °F, de 2 a 3 horas.

c) Transfiera la carne de cerdo a una tabla de cortar, reservando la grasa en la Crockpot; Deja reposar el cerdo durante 10 minutos. Corte la carne de cerdo en cubos pequeños y mezcle con la grasa reservada en la Crockpot.

d) Coloque las patatas fritas en una capa uniforme sobre una bandeja para hornear con borde y cubra con la carne de cerdo y el queso.

e) Ase hasta que el queso se derrita, aproximadamente 4 minutos. Cubra con el tomate, la cebolla, el cilantro y el $\frac{1}{4}$ de cucharadita de sal restante.

f) Combine la crema agria y la leche y rocíe sobre los nachos.

g) Sirva con rodajas de lima.

56.Lomo De Cerdo Con Salsa De Oporto Y Romero

Hace: 12

INGREDIENTES:
- 3 libras de lomo de cerdo deshuesado, recortado
- 8 dientes de ajo, cortados por la mitad a lo largo
- 2¼ cucharaditas de sal kosher
- 1 cucharadita de pimienta negra
- 1 cucharada de aceite de oliva
- 2 cucharaditas de pasta de anchoas
- 2 ramitas de romero fresco
- ½ taza de oporto
- Lata de 28 onzas de tomates triturados sin sal agregada, sin escurrir
- Paquete de 24 onzas de papas congeladas al vapor y puré
- 6 cucharadas de crema fresca
- 6 cucharadas mitad y mitad
- 4 cucharadas de mantequilla sin sal

INSTRUCCIONES:
a) Corte 16 bolsitas pequeñas alrededor del exterior del lomo de cerdo y rellene las bolsitas con ajo.
b) Frote el lomo de cerdo con sal y pimienta.
c) Calienta el aceite en una sartén antiadherente a fuego moderado hasta que brille, aproximadamente 1 minuto.
d) Agrega el lomo de cerdo y dora por todos lados.
e) Transfiera la carne de cerdo a una Crockpot, reservando la grasa en la sartén.
f) Agregue la pasta de anchoas y el romero y cocine hasta que estén aromáticos, aproximadamente 1 minuto.

g) Agregue el oporto para soltar los trozos dorados del fondo de la sartén. Transfiera la mezcla a la Crockpot y agregue los tomates y $\frac{1}{2}$ cucharadita de sal. Cocine a fuego lento hasta que un termómetro insertado en la porción más gruesa de la carne de cerdo registre 140 °F, aproximadamente 3 horas. Transfiera la carne de cerdo a una tabla de cortar o a una fuente para servir, reservando el líquido de cocción en la Crockpot; Deja reposar el cerdo durante 10 minutos.

h) Vierta el líquido de cocción reservado en una cacerola.

i) Llevar a ebullición a fuego moderado; hervir durante unos 8 minutos.

j) Prepara las patatas según las instrucciones del paquete, omitiendo la leche y la mantequilla.

k) Agrega la crème fraîche, la mitad y la mitad, 2 cucharadas de mantequilla y las $\frac{3}{4}$ cucharaditas de sal y $\frac{1}{2}$ cucharadita de pimienta restantes a las papas al vapor; Triture hasta obtener la consistencia deseada.

l) Agrega las 2 cucharadas restantes de mantequilla a la salsa reducida hasta que se derrita.

m) Sirve el cerdo en rodajas con las patatas y la salsa reducida.

57. Posole de Cerdo

Hace: 10

INGREDIENTES:
- 3 libras de paleta de cerdo magra y deshuesada, desmenuzada y cortada en trozos de 1½ pulgada
- 1 cucharada de comino molido
- 1 cucharadita de sal kosher
- Lata de 15 onzas de maíz blanco, escurrido y enjuagado
- 1 cucharadita de pimienta negra
- 1 cucharada de aceite de canola
- 1½ tazas de chiles poblanos picados
- 1½ tazas de cebollas amarillas picadas
- 4 tazas de caldo de pollo sin sal
- Rábanos en rodajas finas
- Lata de 15 onzas de frijoles pintos sin sal agregada, escurridos y enjuagados
- 1 taza de salsa verde
- cebolletas en rodajas finas
- Hojas frescas de orégano

INSTRUCCIONES:
a) Espolvorea la carne de cerdo uniformemente con comino, sal y pimienta negra. Calienta el aceite en una sartén a fuego moderado. Agrega la mitad de la carne de cerdo a la sartén; cocine, revolviendo ocasionalmente, hasta que esté dorado, aproximadamente 4 minutos. Transfiera a una olla de cocción lenta. Repita el procedimiento con el cerdo restante.

b) Agrega los chiles poblanos y la cebolla, y ligeramente caramelizados, aproximadamente 5 minutos.

c) Agregue ½ taza de caldo a la sartén y revuelva para soltar los trozos dorados del fondo de la sartén; transferir al Crockpot.

d) Agregue la salsa verde, el maíz molido, los frijoles pintos y las 3½ tazas restantes de caldo.

e) Cocine a fuego lento hasta que la carne de cerdo esté tierna, aproximadamente 7½ horas.

f) Triture algunos de los frijoles y el maíz molido con un machacador de papas.

g) Sirve la sopa con rábanos en rodajas, cebolletas y hojas de orégano.

58. Tampón de zanahorias y calabacines

Hace: 4

INGREDIENTES:
- 500 g de patatas cocidas
- 2 zanahorias
- 1 calabacín
- 1 cucharada de harina de garbanzos
- Sal
- Nuez moscada
- 2 cucharadas de aceite de oliva
- 1 limón orgánico
- $\frac{1}{2}$ manojo de rúcula

INSTRUCCIONES:
a) Pelar las patatas. Lavar las zanahorias y los calabacines y limpiarlos. Rallar todo toscamente y mezclar con la harina de garbanzos, sazonar con sal y nuez moscada recién rallada.
b) Calienta aceite de oliva dentro de una sartén y agrega la mezcla de papa en porciones.
c) Presione ligeramente y fría a fuego medio por cada lado durante unos 6 minutos.
d) Mientras tanto, lava el limón caliente, sécalo y córtalo en rodajas. Lavar la rúcula y centrifugar.
e) Coloque los buffers en 4 platos y decore con rúcula. Las rajas de limón son suficientes.

59. Pastel De Pollo Con Pollo

Rinde: 5 porciones

INGREDIENTES:
- 1 disco de pollo entero
- 3 patatas grandes (o batatas)
- 2 cebollas
- 4 dientes de ajo
- ½ taza de salsa de tomate
- 1 taza de puré de plátano verde cocido
- 1 cucharada de manteca
- 1 taza de leche
- Sal, pimienta negra y cayena, pimentón, nuez moscada, comino, curry

INSTRUCCIONES:
a) Primero, cocina la pechuga de pollo en agua. Prepáralo en la olla a presión y deja 20 minutos desde que hierve la olla.
b) Cuece el pollo, prepara las patatas en agua para hacer el puré.
c) Haz el puré de papas pisando con la mantequilla y ve poniendo la leche para darle la consistencia que más te guste. Sazone con sal, pimienta negra y nuez moscada.
d) Ahora que el pollo se ha enfriado, puedes triturar todo pequeñito.
e) En una cacerola dorar la cebolla con un mínimo de aceite. Agrega el ajo, la salsa de tomate y el pollo. Mezclar bien, si está medio seco añadir un poco de agua. Ve a poner los condimentos: sal, pimienta negra y cayena, comino, curry. Prueba a ver si es de tu agrado.

f) Si ya te gusta cómo quedó genial. Pero si quieres una consistencia más cremosa el puré de plátano verde es ideal, si no una opción es utilizar la leche con la maicena.

g) Para armar el plato, coloque el pollo salteado y cubra con el puré de papas. Llevar al horno a temperatura inferior a 180°C por 20 minutos.

60.Pollo Glaseado Con Soja

INGREDIENTES:
- Aceite vegetal
- Sal kosher y pimienta negra recién molida
- 1 1/2 libras de muslos de pollo o chuletas de pechuga deshuesadas y sin piel
- 1 cucharada de ajo picado
- 1 cucharada de jengibre fresco picado
- 3 cucharadas de tamari o salsa de soja ligera/baja en sodio
- 4 cucharadas de vinagre de arroz sin condimentar o 2 cucharadas de vinagre negro y 2 cucharadas de vinagre de arroz (ver Nota)
- 2 cucharadas de azúcar moreno (preferiblemente oscuro)
- Semillas de sésamo tostadas y/o cebolletas en rodajas finas para decorar

INSTRUCCIONES:

a) Comience secando el pollo con una toalla de papel en un plato. Sazone ambos lados de los trozos de pollo con sal kosher y pimienta negra recién molida.

b) Calienta una sartén grande a fuego medio-alto. Agrega un par de cucharadas de aceite vegetal y deja que se caliente. Una vez que el aceite esté caliente, añade los trozos de pollo y dóralos bien por ambos lados. Esto debería tomar entre 8 y 10 minutos en total. Tenga en cuenta que el pollo no se cocinará completamente en esta etapa, y eso está perfectamente bien. Transfiera el pollo dorado a un plato para que descanse.

c) Si es necesario, agregue más aceite a la sartén. Luego, agregue el ajo picado y el jengibre y cocine mientras revuelve durante aproximadamente 1 minuto hasta que esté fragante.

d) Agregue el tamari (o salsa de soja ligera/baja en sodio), el vinagre de arroz y el azúcar moreno a la sartén. Revuelva para raspar los trozos dorados del fondo de la sartén. Deje que los ingredientes de la salsa hiervan a fuego lento, lo que debería tomar aproximadamente 1 minuto.

e) Regrese el pollo reposado a la sartén y cocínelo en la salsa, volteándolo una o dos veces, hasta que el pollo esté completamente cocido. Esto debería tomar aproximadamente 5 minutos más. A medida que el pollo se cocina, la salsa se reducirá y se volverá ligeramente almibarada.

f) Transfiera el pollo cocido a una fuente para servir y vierta el resto de la salsa de la sartén sobre él.

g) Para terminar, espolvorea el plato con semillas de sésamo tostadas y/o cebolletas en rodajas finas.

h) Sirva el pollo glaseado con soja inmediatamente y, para darle un toque extra, considere agregar una guarnición de chile crujiente para lograr un equilibrio perfecto de sabores.

61.Espaguetis De Calabacín Con Bolas De Verduras

Hace: 4

INGREDIENTES
PARA LAS ALBÓNDIGAS:
- 1 taza de lentejas
- 1 cucharada de aceite de oliva virgen extra + más para rociar
- ½ cebolla morada picada
- 1 zanahoria picada
- 1 tallo de apio picado
- 1 diente de ajo picado
- ½ cucharadita de tomillo seco
- sal y pimienta para probar
- 1 pizca de hojuelas de pimiento rojo
- 1,5 cucharadas de pasta de tomate
- 4 onzas de champiñones en rodajas
- 1 huevo + 1 clara de huevo
- ¼ taza de queso parmesano rallado + más para decorar
- ¼ taza de perejil fresco picado
- 2 cucharadas de nueces finamente picadas
- Para el pan rallado rinde aproximadamente ¼ de taza:
- 4 cucharadas de harina de almendras
- 2 cucharadas de agua
- Para las pastas:
- 4 calabacines medianos
- 1,5 tazas de salsa de tomate enlatada favorita. Me encanta la salsa de tomate y albahaca de Rao.

INSTRUCCIONES
a) Combine las lentejas y 4 tazas de agua en una olla mediana y deje hervir a fuego alto.

b) Reduzca el fuego a bajo y cocine a fuego lento hasta que las lentejas estén suaves pero sin desmoronarse, aproximadamente 20 minutos. Escurrir las lentejas y dejar enfriar.

c) Mientras tanto, agregue el aceite de oliva a una sartén grande y cocine las cebollas, las zanahorias, el apio, el ajo, el tomillo y sazone con sal y pimienta a fuego medio-alto, revolviendo frecuentemente, durante aproximadamente 7 minutos, hasta que las verduras estén tiernas y apenas comiencen. para dorar.

d) Agrega la pasta de tomate y continúa cocinando, revolviendo constantemente, durante 3 minutos.

e) Agrega los champiñones y cocina, revolviendo frecuentemente, durante 15 minutos más, o hasta que se absorba todo el líquido.

f) Transfiera la mezcla a un tazón grande y déjela enfriar a temperatura ambiente. Cuando esté frío, agrega las lentejas a la mezcla de verduras.

g) En un tazón pequeño, agregue la harina de almendras y el agua y masajee con las manos hasta obtener una masa.

h) Coloca una sartén mediana a fuego medio-alto y una vez caliente, agrega la masa, desmoronándola en pedazos con los dedos. Rompe la masa con una cuchara de madera o una espátula y deja tostar hasta que parezca pan rallado. Dejar de lado.

i) Agregue los huevos, el queso parmesano, el pan rallado preparado, el perejil y las nueces a las verduras y las lentejas enfriadas y mezcle a mano hasta que estén bien incorporados.

j) Colocar en el frigorífico durante 25 minutos. Precalienta el horno a 400 grados.

k) Rocíe el aceite de oliva en una fuente para horno y use la mano para cubrir uniformemente toda la superficie. Dejar de lado.

l) Enrolle la mezcla en albóndigas redondas del tamaño de una pelota de golf (aproximadamente 1 $\frac{1}{2}$ pulgadas), asegurándose de empacar bien la mezcla de verduras. Coloque las bolas en la fuente para hornear preparada, en filas.

m) Ase las albóndigas durante 30 minutos o hasta que estén firmes y bien cocidas. Deje que las albóndigas se enfríen durante 5 minutos en la fuente para hornear antes de servir.

n) Mientras tanto, haga espirales con los calabacines con Blade D y corte los fideos. Dejar de lado.

o) Diez minutos antes de que las albóndigas terminen de asarse, coloque una sartén grande a fuego medio y una vez caliente, agregue la mitad de los fideos de calabacín. Cocine por 3 minutos o hasta que esté cocido según sus preferencias. Reserva en un tazón grande y luego cocina los fideos de calabacín restantes.

p) Mientras tanto, coloca una olla mediana a fuego medio-alto y agrega la salsa de tomate. Cocine para calentar, unos 5 minutos. Coloque a fuego lento hasta que esté listo para usar.

q) Una vez que los fideos de calabacín, la salsa y las albóndigas estén cocidos, prepara los tazones. Divida los calabacines en cuatro tazones, cubra con cantidades iguales de salsa y luego cubra con 3 albóndigas cada uno. Cubra con queso parmesano.

62. Lasaña de verduras ligera

INGREDIENTES:

- 1 paquete de láminas de lasaña precocida
- 3 zanahorias
- 1 calabacín
- 1 berenjena
- 200 gramos de champiñones
- 200 g de espinacas
- 100 g de queso rallado
- Aceite de oliva y sal
- 200 g de tomates fritos
- 400 ml de leche desnatada
- 30 gramos de harina

INSTRUCCIONES:

a) Prepara la bechamel. Calentar 2 cucharadas de aceite, añadir 30 g de harina y retirar.

b) Vierte la leche descremada, en un hilo, removiendo hasta que espese, y sazona.

c) Cocine las espinacas. Lavar las espinacas y cocinarlas al vapor durante unos minutos. Mézclalas con una parte de la bechamel y resérvalas.

d) Saltear las verduras, limpiar y lavar las zanahorias, el calabacín, las berenjenas y los champiñones.

e) Freír los 2 primeros con un hilo de aceite. Luego, añade la berenjena y los champiñones, sofríe unos 6 minutos más o menos, sazona al gusto y mezcla todo con la salsa de tomate frito.

f) Arma la lasaña. Cocine la pasta siguiendo las instrucciones del paquete. Sobre una cama de espinacas con bechamel, monta las capas de lasaña alternadas de pasta y verduras con salsa de tomate.

g) Cubrir con la bechamel restante, espolvorear con el queso y cocinar unos 20 minutos en el horno precalentado a 170°.

63. Lasaña con calabacín

INGREDIENTES:

- 2 cucharadas de aceite de oliva
- 2 calabacines grandes
- 300 g de carne molida
- 2 chalotas o 1 cebolla morada
- 400 ml de tomates tamizados
- 70 ml de puré de tomate
- queso rallado a mano
- 9 láminas de lasaña fresca o precocida
- Sal y pimienta
- 1 cucharadita de orégano
- 1 cucharadita de tomillo

INSTRUCCIONES:

a) Precalienta el horno a 200 grados. Lavar y cortar los calabacines en rodajas. Calentar el aceite de oliva en una sartén (grill) y sofreír las rodajas de calabacín. Condimentar con sal y pimienta. Picar las chalotas y luego sofreírlas en una sartén con mantequilla.

b) Agrega la carne picada y sofríe durante 5 minutos hasta que esté dorada. Agrega el puré de tomate y sazona con pimienta, sal, tomillo y orégano. Luego añade los tomates tamizados. Déjelo cocer a fuego lento durante 10 minutos. Engrase una fuente para horno o un molde para hornear y forme capas con la mezcla de carne picada, las láminas de lasaña y el calabacín.

c) Terminar con una capa de carne picada cubierta con rodajas de calabacín. Espolvorea con el queso rallado.

d) Hornea la lasaña de calabacín en el horno precalentado durante 35 minutos hasta que esté dorada.

64. pollo cazador

Hace: 4

INGREDIENTES
- Paquete de 650 g de filetes de pechuga de pollo.
- 12 lonchas de tocino ahumado
- 250 ml de salsa barbacoa
- 2 paquetes de 240 g de mozzarella baja en grasa
- 2 cucharadas de parmesano rallado
- papas fritas y guisantes cocidos al horno, para servir

INSTRUCCIONES:

a) Precalentar el horno a gas 6, 200°C, ventilador 180°C. Sazone las pechugas de pollo, colóquelas sobre una tabla y envuelva 3 rebanadas de tocino alrededor de cada filete, superponiéndolas ligeramente y asegurándose de que los extremos del tocino queden debajo del pollo para que no se desenvuelvan.

b) Transfiera el pollo a una fuente para horno y hornee durante 25 a 30 minutos hasta que el tocino esté crujiente y el pollo bien cocido. Vierta sobre la salsa barbacoa y corte sobre la mozzarella.

c) Esparza con queso parmesano, si lo usa, luego hornee durante 5 a 8 minutos hasta que esté dorado y burbujeante. Sirva con patatas fritas y guisantes, si lo desea, y vierta la salsa barbacoa del plato por encima.

65.Pechuga de pato con ciruelas mirabel

Rinde: 4 porciones

INGREDIENTES:
- 2 pechugas de pato
- 300 g de ciruelas
- 1 cucharadita de pollo, café molido
- 3 onzas de brandy de ciruela
- 50 g de mantequilla fría
- Sal y pimienta del molino

INSTRUCCIONES:
a) Deje que la Mirabelle se descongele a temperatura ambiente.
b) Retire un poco de grasa de los lados de las pechugas. Corta la piel en trozos transversales con un cuchillo afilado.
c) Ponlas en una sartén caliente con la piel, sin añadir grasa. Cocine durante 6 minutos a fuego alto.
d) Darles la vuelta y cocinar a fuego lento durante 4 minutos. Déjalas reposar en un plato cubierto con papel de aluminio.
e) Vacía la grasa de la sartén sin limpiarla. Agregue las ciruelas y cocine de 2 a 3 minutos mientras revuelve. Sácalas de la sartén y mantenlas calientes. Reemplazar con el fondo de ave diluido en agua y brandy. Llevar a ebullición retirando el jugo de la cocción con una cuchara de madera. Agregue pequeños trozos de mantequilla mientras bate.
f) Cortar las pechugas de pato. Agrega el jugo a la salsa. Mezcla.
g) Disponer las lonchas de pato fileteado en los platos, verter la salsa y añadir las ciruelas.

h) Servir inmediatamente.

66. Pollo con brócoli y salsa yuzu

Rinde: 4 porciones

INGREDIENTES:
- 600 gramos de pechuga de pollo
- 800 gramos de brócoli
- Sal
- 1 yuzu
- 2 dientes de ajo
- 3 tallos de perejil
- 2 cucharadas de aceite de sésamo
- Pimienta

INSTRUCCIONES:
a) Enjuague la pechuga de pollo con agua fría, séquela y córtela en tiras.
b) Lave y limpie el brócoli, córtelo en floretes y cocínelo en agua hirviendo con un poco de sal durante unos 5 minutos.
c) Enjuague el yuzu caliente, séquelo, quítele la ralladura y exprima el jugo. Pelar los ajos y picarlos finamente.
d) Lavar el perejil, sacudirlo para secarlo y picarlo finamente.
e) Calienta aceite de sésamo dentro de una sartén y asa las tiras de pavo durante 2-3 minutos hasta que se vean doradas, sazona con sal y pimienta.
f) Agrega el jugo de yuzu y un poco de agua según sea necesario y agrega el brócoli, la ralladura de limón y el ajo.
g) Dejamos cocer a fuego lento, añadimos el perejil y sazonamos al gusto.

67. Pavo al estragón con tirabeques y arroz salvaje

Rinde: 1 porción

INGREDIENTES:
- 20 g de mezcla de arroz salvaje
- Sal
- Pimienta
- 40 g de guisantes
- 1 escalope de pavo (unos 150 g)
- 1 diente de ajo pequeño
- 4 tallos de estragón
- 1 cucharada de jugo de limón
- 1 cucharada de aceite
- Bayas rosadas para decorar

INSTRUCCIONES:
a) Prepare el arroz en agua hirviendo con sal según las instrucciones del paquete.
b) Lavar y limpiar los tirabeques.
c) Lave la carne y séquela.
d) Pelar los ajos y picarlos finamente.
e) Lavar el estragón, sacudirlo para secarlo y picarlo finamente.
f) Revuelva el ajo y el estragón con el jugo de limón y sazone con sal y pimienta.
g) Voltee la carne en la marinada. Calienta el aceite en una sartén pequeña. Freír la carne de cada lado durante unos 2 minutos a fuego medio, mantener caliente.
h) Convierta los tirabeques en la grasa para freír. Desglasar con 75 ml de agua. Cocine a fuego lento durante aproximadamente 5 minutos, sazone con sal y pimienta.
i) Escurrir el arroz.

j) Coloque el escalope de pavo con tirabeques y arroz en un plato y decore con pimienta rosa.

ENSALADA Y ACOMPAÑAMIENTOS

68. Salmón Ahumado Relleno De Ensalada Rusa

INGREDIENTES:
- 300 g de salmón ahumado
- 2 o 3 patatas
- 2 zanahorias
- 100 g de guisantes congelados
- 100 g de judías verdes
- 3 huevos
- 200 ml de aceite de oliva suave
- $\frac{1}{2}$ limón
- Sal y pimienta
- 8 hojas de lechuga romana
- cebollín

INSTRUCCIONES:

a) Cocine las verduras de la ensalada. Pelar las zanahorias y las patatas, lavarlas y cortarlas en cubos. Lavar, despuntar y picar las judías verdes.

b) Hervir las zanahorias en abundante agua con sal durante 15 minutos. Agrega las patatas y cocínalas por 7 minutos más.

c) Agrega las judías verdes y luego continúa cocinando otros 3 minutos. Por último, añade los guisantes, cocina 5 minutos más y escurre todas las verduras.

d) Hervir los huevos y hacer la mayonesa. Por un lado, cocer 2 huevos durante 10 minutos en agua con sal. Refrescarlas, pelarlas y trocearlas. Y por otro batir el huevo restante con el jugo de medio limón, sal y pimienta, para luego agregar el aceite, en forma de hilo y batir hasta obtener una mayonesa espesa.

e) Haz la ensalada y rellena el salmón. Primero mezclamos las verduras cocidas y los huevos duros picados con la mayonesa. Y remueve hasta que estén bien incorporados. Y luego, distribuir la ensalada en las lonchas de salmón y enrollarlas.

f) Montar el plato y servir. Por último, lava y escurre la lechuga. Córtalo en juliana y rómpelo en 4 platos. Coloca los rollitos encima y sírvelos espolvoreados con el cebollino picado.

69. Ensalada de espárragos y requesón

INGREDIENTES:
- 2 manojos de espárragos verdes
- 150 g de tomates cherry
- 100 g de requesón
- 30 g de nueces peladas
- 30 g de maíz tostado
- 20 g de semillas de girasol peladas
- 2 cucharadas de vinagre
- 4 cucharadas de aceite de oliva
- Pimienta y sal

INSTRUCCIONES:

a) Limpiar los espárragos. Primero, lava los espárragos bajo el chorro de agua fría, retira la parte más dura del tallo y córtalos en trozos del mismo tamaño.

b) Poner agua a hervir y cocinar. Mientras preparamos los espárragos, ponemos a hervir en una cazuela abundante agua con sal, los añadimos y cocinamos durante 10 minutos hasta que estén tiernos pero enteros.

c) Interrumpir la cocción. Una vez que estén d1, retíralas con una espumadera y sumérgelas unos instantes en un recipiente con agua helada para que deje de cocinarse. De esta forma mantendrán su color verde intenso. Y luego, escurrirlas nuevamente para eliminar toda el agua.

d) Prepara el resto de los ingredientes. Lavar los tomates, secarlos con papel absorbente y cortarlos por la mitad. Escurre el requesón y desmenúzalo. Y corta las nueces en trozos pequeños.

e) Haz la vinagreta. Disponer el vinagre en un bol. Añade una pizca de sal y otra de pimienta, y vierte el aceite, poco a poco, sin dejar de batir con un tenedor, hasta obtener una vinagreta bien emulsionada.

f) Distribuir los espárragos en 4 tazones. Agrega los tomates, el requesón desmenuzado y las nueces picadas. Aliñar con la vinagreta anterior.

g) Y decora con semillas de girasol y maíz tostado.

70. Verduras de espinacas y mango

Rinde: 4 porciones

INGREDIENTES:
- 750 g de hojas tiernas de espinaca
- 2 cebolletas
- 2 mangos maduros
- 2 cucharadas de aceite de germen
- 1 trozo de jengibre
- 2 cucharadas de semillas de girasol
- 20 g de paletas de amaranto
- Sal
- pimienta de cayena

INSTRUCCIONES:
a) Girar bien las espinacas, secarlas y limpiarlas.
b) Pelar los mangos. Corta la carne del st1 y córtala en cubos de aproximadamente 1 cm de tamaño.
c) Calentar 1 cucharada de aceite dentro de una olla y sofreír las cebolletas durante unos 5 minutos a fuego medio. Agrega las espinacas y cocina tapado; Cocine a fuego lento durante 5 minutos.

d) Agrega los cubitos de mango, el jengibre y el jugo de jengibre a las espinacas y tapa, calienta a fuego medio durante unos 3 minutos.
e) Calienta el resto del aceite dentro de una sartén antiadherente. Asar las pipas de girasol a fuego lento durante 3-4 minutos, añadir las paletas de amaranto y calentar brevemente.
f) Sazone las verduras de espinacas y mango con sal y colóquelas en un plato. Sazone las semillas de girasol

tostadas y las paletas de amaranto con pimienta de cayena y espolvoree con las verduras.

71. Brotes de mijo ensalada

INGREDIENTES:
- ⅓ taza de brotes de mijo
- ½ taza de maní hervido/garbanzos enlatados
- 1 chile verde
- 1 cucharadita de jengibre rallado
- 1 cucharada de cebolla picada
- 1,5 cucharadas de tomates picados
- 3 cucharadas de pimiento morrón picado
- ½ taza de zanahoria rallada
- Jugo de limon
- 1 cucharada de cilantro picado
- ¼ cucharadita de sal negra
- ½ cucharadita de sal sazonada

INSTRUCCIONES
a) En un tazón agregue el maní hervido y enfriado.
b) Agrega el resto de verduras preparadas.
c) Agregue sal, hojas de cilantro y exprima jugo de limón fresco por encima.
d) Finalmente agregue los brotes de mijo, mezcle todo y sirva inmediatamente.

72. Ensalada de frijoles rojos con guacamole

Rinde: 4 porciones

INGREDIENTES:
- 1 tomate (mediano)
- 1 Cebolla (media cebolla morada)
- 1 pimiento rojo (mediano)
- 1 pizca de pimienta
- 1 limón
- 1 pizca de sal
- 1 pimiento verde
- 250 gramos de frijoles azuki, ya cocidos
- 1 cucharada de aceite de oliva virgen extra
- 1 guacamole fresco
- 1 taza pequeña de maíz dulce en lata

INSTRUCCIONES:
a) Prepara la ensalada mezclando todos los ingredientes picados con los frijoles previamente lavados y escurridos.
b) Aliña con jugo de limón y aceite y sazona con sal y pimienta.
c) Sirve la ensalada con el guacamole y tuesta con pan tostado.

73. Ensalada de frijoles verde-amarillos con cebolla morada

Rinde: 4 porciones

INGREDIENTES:
- 3 tazas de frijoles mixtos, cortados en tercios
- 2 cebollas rojas pequeñas
- 5-6 cucharadas de vinagre balsámico
- 1 cucharada de azúcar
- 3 cucharadas de aceite de oliva
- Sal
- Pimienta
- bayas rojas

INSTRUCCIONES:
a) Limpiar y lavar los frijoles.
b) Cocine los frijoles en agua hirviendo durante 5-7 minutos.
c) Escurrir y freír en frío.
d) Pelar las cebollas, partirlas por la mitad y cortarlas en rodajas finas.
e) Mezclar vinagre y azúcar. Rocíe un chorro fino de aceite y sazone con sal y pimienta.
f) Agrega las cebollas y revuelve bien.
g) Mezclar la vinagreta con los frijoles.
h) Cubra y deje enfriar durante aproximadamente 1 hora.
i) Sazone nuevamente la ensalada con sal, pimienta y vinagre.
j) Servir en un plato y espolvorear con frutos rojos.

74. Rúcula con mango, aguacate y tomates cherry

Rinde: 4 porciones

INGREDIENTES
- 3 puñados de rúcula/rúcula
- 7 onzas de tomates cherry
- 1 mango maduro
- 2 aguacates maduros

PARA LA VINAGRETA
- 1 cucharada de jugo de lima
- 2 cucharadas de vinagre
- 2 cucharadas de aceite vegetal
- 2 cucharadas de aceite de oliva
- 1 cucharadita de miel
- 1 cucharadita de mostaza medianamente picante
- sal
- pimientos recién molidos

INSTRUCCIONES:
a) Para la vinagreta, mezcla el jugo de lima con el vinagre y los dos aceites.

b) Agrega la miel y la mostaza, bate para combinar y sazona al gusto con sal y pimienta.

c) Enjuague y seque la rúcula. Enjuague y corte los tomates por la mitad. Pelar el mango, quitarle el hueso a la fruta y cortarlo en dados finos.

d) Cortar los aguacates por la mitad y quitarles las semillas. Retire la fruta de la cáscara y córtela en cubos.

e) Mezcle todos los ingredientes de la ensalada preparada en un bol. Rocíe con el aderezo y sirva.

75. Ensalada De Berenjenas Con Espinacas Grill

Hace: 4

INGREDIENTES:
- 1 trozo de berenjena cortada en rodajas y en rodajas
- $\frac{1}{8}$ taza de hojas de menta solamente
- $\frac{1}{2}$ manojo de hojas de perejil únicamente
- 1 cucharada de orégano
- $\frac{1}{4}$ de taza de tomates deshidratados cortados en tercios
- 4 tazas de espinacas tiernas frescas
- 2 dientes de ajo, finamente picados, para aderezar
- 1 cucharada de tahini para aderezo
- $\frac{1}{2}$ cucharada de pimentón para aderezo
- 1 trozo de jugo de limón, para aderezar
- 1 cucharada de aceite de oliva para aderezo
- 1 pizca de sal para aderezo
- $\frac{1}{4}$ de taza de queso feta desmenuzado

INSTRUCCIONES:
a) Calienta una parrilla a fuego alto; Asa las berenjenas hasta que se formen las clásicas marcas de la parrilla. Retirar y reservar
b) En un bol mezcla la berenjena con las hojas de menta, el perejil, el orégano, los tomates deshidratados y las espinacas.
c) En un bol mezcla el ajo, el tahini, el pimentón, el limón y el aceite de oliva con el batidor globo y sazona a tu gusto.
d) Mezcla la ensalada con el aderezo y espolvorea a tu gusto con el queso feta.

76. Ensalada de papas

Rinde: 4 porciones

INGREDIENTES:
- 1 kg de patatas azules
- 200 g de remolacha
- Sal
- Pimienta
- 2 manojos de cebolletas
- 250 gramos de crema agria
- 5 cucharadas de vinagre de vino blanco
- 2 manojos de rábanos
- $\frac{1}{4}$ de cama de berros
- $\frac{1}{4}$ de remolacha

INSTRUCCIONES:
a) Lavar bien las patatas y las remolachas y cocerlas en abundante agua con sal durante unos 15 minutos.
b) Lavar las cebolletas, limpiarlas y cortarlas en tiras finas.
c) Coloque las cebolletas en agua con hielo para que se enrollen.
d) Mezcle la crema agria y el vinagre; sazone con sal y pimienta.
e) Escurrir las patatas, retirarlas, pelarlas y cortarlas en dados gruesos.
f) Enjuagar las remolachas con agua fría, pelarlas y cortarlas en rodajas finas.
g) Lave bien los rábanos, límpielos y córtelos en cuartos.
h) Mezcle las patatas, la remolacha, las cebolletas y los rábanos con el aderezo.
i) Organizar en tazones. Espolvorea con berros.

77. Ensalada de tomate con cubitos de aguacate

Rinde: 4 porciones

INGREDIENTES:
- 750 g cada uno de tomates verdes y rojos, en rodajas
- 100 g de rúcula
- 2 cebollas moradas, rebanadas
- 2 aguacates maduros, partidos por la mitad y en rodajas
- 2 cucharadas de jugo de limón
- 3 cucharadas de semillas de girasol
- 4 cucharadas de vinagre balsámico
- 1 cucharadita de azúcar
- 4 cucharadas de aceite de oliva
- Sal
- Pimienta

INSTRUCCIONES:
a) Pela y corta las mitades del aguacate. Rocíe la pulpa con jugo de limón.
b) Para tostar las semillas de girasol en una sartén sin grasa, sacar.
c) Mezclar vinagre y azúcar.
d) Rocíe aceite en un chorro fino.
e) Condimentar con sal y pimienta.
f) Mezcla los tomates, las cebollas, los ravioles y los aguacates con la vinagreta.
g) Coloque la ensalada en platos y espolvoree con semillas de girasol.

SOPAS Y GUISOS

78. Guiso ligero de lentejas

INGREDIENTES:
- 250 g de lentejas parduscas
- 1 calabacín
- 2 zanahorias
- 1 cebolla
- 1 diente de ajo
- 1 hoja de laurel
- 2 tomates de rama pequeña
- 1 trozo de jengibre
- 3 cucharaditas de aceite de oliva
- 2 ramitas de cilantro o perejil
- Sal y pimienta

INSTRUCCIONES:

a) Prepara las verduras. Primero pelamos la cebolla y los ajos y los troceamos. Luego, pela el jengibre y pícalo muy fino. Y por último, pelamos la zanahoria, lavamos los calabacines, los retiramos y los cortamos en dados.

b) Saltear las verduras. Calentar 2 cucharaditas de aceite en una cazuela, añadir la mitad de la cebolla y el ajo y cocinar durante unos 3 o 4 minutos más o menos. Luego añade el jengibre, el laurel, la zanahoria y el calabacín y sofríe un poco.

c) Cocine las lentejas. Después de sofreír las verduras, añade las lentejas. Cubrir con ¾ de litro (750 ml) de agua y cocinar a fuego lento durante 45 minutos hasta que las lentejas estén tiernas y reservar.

MONTAR LA PLACA

d) Por último, lava los tomates y trocéalos. Mézclalos con el resto de la cebolla y el ajo, y sazónalos con sal, pimienta y el resto del aceite. Divide las lentejas en 4 cuencos o cuencos, y añade el picadillo de tomate y unas hojas de cilantro o perejil.

e) Y si queréis una versión fresca y ultrarrápida, en lugar de guisar las lentejas, podéis comprarlas ya cocidas y hacer una ensalada.

f) Hay que sofreír un poco las verduras, pero no demasiado para que queden al dente. Y mézclalas con las lentejas ya cocidas y escurridas, y el picadillo de tomate.

79. Sopa de verduras y quinua

Rinde: 2 porciones

INGREDIENTES:
- 1 calabacín grande
- 2 zanahorias medianas;
- ½ mandioquinha
- 4 floretes de coliflor
- ½ tomate
- 4 vasos de agua
- 1 cebolla
- 3 cucharadas de quinua
- Aceite de oliva virgen extra
- Sal

INSTRUCCIONES:
a) Cocer todo en agua y sal, calabacines, zanahorias, mandioquinha, coliflor, tomates y cebollas.
b) Cuando esté todo cocido es el momento de añadir la quinoa flocada.
c) Retirar del fuego, untar un filete con aceite de oliva y servir inmediatamente.

80. Sopa adelgazante de pollo y frijoles

Hace: 8

INGREDIENTES:
- 200 g de pechuga de pollo
- Sal
- 1 cebolla grande picada
- 1 cucharadita de aceite de oliva
- 2 dientes de ajo, picados
- 2 tazas de tomates cherry picados
- 2 zanahorias picadas
- 1 pimiento verde picado
- 1 pimiento picado
- 1 cucharada de chile en polvo
- 1 $\frac{1}{2}$ cucharadita de comino
- 1 cucharadita de cúrcuma
- 1 cucharadita de pimentón
- $\frac{1}{4}$ de cucharadita de orégano seco
- 4 tazas de caldo de pollo bajo en sodio
- 2 tazas de maíz
- 500 g de judías negras lavadas y escurridas
- 1 taza de cilantro fresco
- 1 taza de queso

INSTRUCCIONES:
a) Cuece la pechuga de pollo en una cacerola llena de agua a fuego medio-alto durante 10 a 15 minutos; Tritúrelo.
b) Vierte el aceite de oliva dentro de una cacerola grande y calienta a fuego medio.
c) Agrega la cebolla y el ajo durante unos 5 a 8 minutos o hasta que la cebolla esté transparente.

d) Pon los tomates, las zanahorias, los pimientos y bate para mezclar bien en la licuadora o procesador de alimentos.

e) Agrega los condimentos y una cucharadita al sartén del paso 3. Agrega el pollo desmenuzado, la mezcla del paso 4, el maíz, los frijoles y 2/4 taza de cilantro. Si encuentras la sopa demasiado espesa, ponle agua.

f) Cocine con la sartén parcialmente tapada durante 30 minutos a una hora, hasta que el maíz permanezca suave.

g) Sirve la sopa adornada con el queso y el resto del cilantro.

81. Patatas y Caldo

Hace: 6

INGREDIENTES
- 2 libras de papas nuevas
- 6 tazas de agua
- 6 caldo de res

INSTRUCCIONES:
a) Agrega las patatas al agua hirviendo.
b) Agrega el caldo y cocina a fuego lento durante 1 hora.

82. Sopa De Coliflor Y Cúrcuma Dorada

Hace: 4

INGREDIENTES
- 3 dientes de ajo, picados
- 3 cucharadas de aceite de semilla de uva
- $\frac{1}{8}$ cucharadas de hojuelas de pimiento rojo triturado
- 1 cucharada de cúrcuma
- $\frac{1}{4}$ taza de leche de coco entera
- 6 tazas de floretes de coliflor
- 1 cucharada de comino en polvo
- 1 cebolla o bulbo de hinojo, picado
- 3 tazas de caldo de verduras

INSTRUCCIONES:
a) Combine y cocine a fuego lento durante 1 hora.

83.Sopa crockpot para resaca

Hace: 6

INGREDIENTES
- Lata de chucrut de 16 onzas; enjuagado
- 2 rebanadas de tocino, cocido
- 4 tazas de caldo de res
- ½ libra de salchicha polaca; cortado en rodajas y cocido
- 1 cebolla; Cortado
- 1 cucharadita de semilla de alcaravea
- 2 tomates; Cortado
- 1 pimiento morrón; Cortado
- 2 tallos de apio; rebanado
- 2 cucharaditas de pimentón
- 1 taza de champiñones, rebanados
- ½ taza de crema agria

INSTRUCCIONES:
a) Combine los ingredientes en una olla de barro.
b) Cocine durante 1 hora a fuego lento.

84. sopa de patatas alemana

Hace: 6

INGREDIENTES :
- 6 tazas de agua
- 3 tazas de papas peladas y cortadas en cubitos
- $1\frac{1}{4}$ tazas de apio en rodajas
- $\frac{1}{2}$ cucharadita de sal
- $\frac{1}{2}$ taza de cebolla, picada
- $\frac{1}{8}$ cucharadita de pimienta

GOTA DE ALBÓNDIGAS:
- $\frac{1}{2}$ cucharadita de sal
- 1 huevo batido
- ⅓ taza de agua
- 1 taza de harina para todo uso

INSTRUCCIONES:
a) Mezcle los primeros 6 ingredientes en una Crockpot y cocine a fuego lento durante aproximadamente 1 hora hasta que estén tiernos.
b) Retirar y triturar las verduras.

PARA LOS BOLLOS:
c) Mezclar la harina, el agua, la sal y el huevo.
d) Espolvorea sobre la sopa caliente.
e) Cocine durante unos 15 minutos.

POSTRE

85. Pastel de especias al revés con ruibarbo

INGREDIENTES:
PARA LA ADORNO:
- 1 libra (450 gramos) de ruibarbo, recortado
- 3/4 taza (150 gramos) de azúcar granulada
- Ralladura fina de medio limón
- 4 cucharadas (2 onzas o 55 gramos) de mantequilla sin sal (fría está bien)
- Dos pizcas de sal

PARA EL PASTEL:
- 6 cucharadas (85 gramos) de mantequilla sin sal, ablandada
- 2/3 taza (125 gramos) de azúcar moreno claro u oscuro
- 1/4 taza (50 gramos) de azúcar granulada
- 2 huevos grandes
- 1/2 cucharadita de extracto de vainilla
- 2 cucharaditas de polvo de hornear
- 1/4 cucharadita de sal marina fina
- 1 cucharadita de canela molida
- 1/2 cucharadita de jengibre molido
- 1/8 cucharadita de clavo molido
- Unas ralladuras de nuez moscada fresca
- 1/2 taza (120 ml) de suero de leche
- 1 1/2 tazas (195 gramos) de harina para todo uso

INSTRUCCIONES:
a) Precalienta tu horno a 350°F (175°C).

PREPARAR LA COBERTURA DE RUIBARBO:
b) En una sartén refractaria de 10 pulgadas, recorte el ruibarbo para que quepa en el fondo en una dirección, cortando algunos trozos más cortos y dejando otros más altos.

c) Corte cada tallo de ruibarbo a lo largo en tiras finas (de aproximadamente 1/4 de pulgada de grosor). Si el ruibarbo ya está fino, puedes cortar cada trozo por la mitad a lo largo.

d) Espolvorea azúcar en la sartén y agrega ralladura de limón; usa tus dedos para mezclar la ralladura con el azúcar.

e) Añade la mantequilla fría y una pizca de sal. Calienta la sartén a fuego medio hasta que la mantequilla se derrita, revolviendo con frecuencia.

f) Agrega el ruibarbo en rodajas y cocina, dándole vuelta suavemente, durante 3 a 4 minutos hasta que se ablande un poco y suelte un poco de líquido. Retire la sartén del fuego y déjela a un lado.

HAGA LA MASA DE PASTEL DE ESPECIAS:

g) En un tazón grande, bata la mantequilla ablandada y ambos azúcares hasta que la mezcla quede ligera y esponjosa.

h) Agrega los huevos uno a la vez, batiendo hasta que estén bien combinados. Luego, agrega el extracto de vainilla.

i) Espolvorea la mezcla con levadura en polvo, sal y todas las especias. Batir bien para combinar bien.

j) Vierta el suero de leche; La mezcla puede parecer cuajada, pero está bien.

k) Raspe el tazón y agregue la harina para todo uso. Batir hasta que la harina esté completamente incorporada.

MONTAR EL PASTEL:

l) Revisa la base de ruibarbo para asegurarte de que las piezas estén dispuestas como deseas.

m) Vierta cucharadas de masa para pastel sobre la mezcla de ruibarbo y alise la parte superior lo mejor que pueda. La mezcla de ruibarbo quedará bastante húmeda, pero no te preocupes; se nivelará durante el horneado.

n) Hornee el pastel durante unos 35 minutos, o hasta que al insertar un palillo profundamente en el pastel (no en la cobertura) salga sin masa adherida.

o) Retira la sartén del horno y déjala enfriar durante 5 minutos.

p) Pasa un cuchillo por los bordes para aflojar el pastel.

q) Coloque un plato más grande boca abajo sobre la sartén y use guantes de cocina para voltear el pastel sobre el plato. Si algo de ruibarbo se pega al molde o se desliza por el costado, simplemente regréselo a la parte superior del pastel.

r) Sirva el pastel de especias al revés de ruibarbo tibio o a temperatura ambiente.

s) Este bizcocho se puede conservar un par de días a temperatura ambiente o hasta una semana en el frigorífico.

86. Tarta de queso Nueva York

INGREDIENTES:
CORTEZA DE MIGA:
- 8 onzas (15 hojas) de galletas o galletas Graham finamente molidas
- 8 cucharadas (1 barra o 4 onzas) de mantequilla sin sal, derretida
- 1/2 taza de azúcar
- 1/4 cucharadita de sal

RELLENO DE CHEESECAKE MUY ALTO:
- 5 paquetes (8 onzas) de queso crema, ablandado
- 1 3/4 tazas de azúcar
- 3 cucharadas de harina para todo uso
- 1 cucharadita de ralladura de limón finamente rallada
- 1 cucharadita de ralladura de naranja finamente rallada
- 5 huevos grandes
- 2 yemas de huevo grandes
- 1/2 cucharadita de extracto de vainilla

COBERTURA DE CEREZA:
- 10 onzas de cerezas agridulces, sin hueso (frescas o congeladas)
- 2 cucharadas de jugo de limón
- 1/4 taza de azúcar (ajustar al gusto)
- 1 cucharada de maicena
- 1/2 taza de agua

INSTRUCCIONES:
CORTEZA DE MIGA:
a) Mezcle los ingredientes de la corteza y presione la mezcla sobre el fondo y los lados de un molde desmontable de 9 1/2 pulgadas untado con mantequilla. Deje

aproximadamente una pulgada por debajo del borde superior.

b) Puedes meter la corteza en el congelador para que se asiente mientras preparas el relleno.

RELLENO DE CHEESECAKE MUY ALTO:

c) Precalienta el horno a 550°F.

d) Batir el queso crema, el azúcar, la harina, la ralladura de limón y la ralladura de naranja con una batidora eléctrica hasta que quede suave.

e) Agrega la vainilla, luego los huevos y las yemas, uno a la vez, batiendo a velocidad baja hasta que cada ingrediente esté completamente incorporado. Raspe el tazón entre adiciones.

f) Coloque el molde desmontable con la corteza dentro de un molde para hornear poco profundo para recoger las gotas. Vierta el relleno en la base (la sartén estará completamente llena).

g) Hornee a la mitad del horno durante 12 minutos o hasta que esté inflado. Vigila de cerca el pastel, ya que algunos hornos pueden dorar la parte superior rápidamente.

h) Reduzca la temperatura del horno a 200°F y continúe horneando hasta que el pastel esté casi firme. El centro todavía estará ligeramente tambaleante cuando se agite suavemente, lo que demora aproximadamente una hora más.

i) Pasa un cuchillo por el borde superior del pastel para aflojarlo. Deje que el pastel se enfríe completamente en el molde desmontable sobre una rejilla, luego refrigérelo durante al menos 6 horas.

ADORNO DE CEREZA (OPCIONAL):

j) Coloque todos los ingredientes de la cobertura de cereza en una cacerola mediana. Llevar a ebullición y cocinar durante 1-2 minutos más. Retirar del fuego y dejar enfriar por completo.

k) Retire el costado del molde desmontable y transfiera el pastel de queso a un plato. Si es necesario, recorte la parte superior para que quede plana.

l) Extienda la cobertura de cereza (si la usa) sobre la tarta de queso fría.

m) La receta original sugiere llevar el bizcocho a temperatura ambiente antes de servirlo, pero no es necesario.

n) La tarta de queso se puede tapar y enfriar hasta por 2 semanas.

87. Helado de frambuesa

INGREDIENTES:
- 500 gr de frambuesas muy maduras
- 1 taza de crema para cocinar
- 235 gramos de azúcar

INSTRUCCIONES:

a) Pon todos los ingredientes en la licuadora hasta lograr la textura deseada, y luego mételo al congelador en un molde de silicona.

b) Déjalo actuar durante al menos 30 minutos.

88. Frambuesa y Chocolate Blanco Tazas

INGREDIENTES:
- 200 gr de chocolate blanco
- 1 taza de crema para cocinar
- 500 gr de mermelada de frambuesa

INSTRUCCIONES:
a) Derretir el chocolate blanco al baño María y luego añadir la nata.
b) Batir bien para que quede con la textura de la nata montada.
c) Alterna en un vaso una capa de mermelada de frambuesa y luego de nata hasta terminar los ingredientes.

89. Ensalada de frutas y helado gourmet

INGREDIENTES:
- 1 durazno, en rodajas pequeñas
- 1 bola de helado del sabor que más te guste
- 3 fresas o 5 frambuesas, en rodajas pequeñas

INSTRUCCIONES:

a) Coloque las frutas en capas en un tazón con la bola de helado justo en el medio y las fresas o frambuesas alrededor.

90. de plátano, granola y frutos rojos

Hace: 2

INGREDIENTES:
- 1 cucharada de azúcar glas
- ¼ de taza de granola baja en grasa
- 1 taza de fresas en rodajas
- 1 plátano
- 12 onzas de yogur griego de piña sin grasa
- 2 cucharaditas de agua caliente
- 1 cucharada de cacao, sin azúcar

INSTRUCCIONES:
a) Coloque capas de ⅓ de taza de yogur, ¼ de taza de fresas en rodajas, ¼ de taza de plátanos en rodajas y 1 cucharada de granola en un vaso de parfait.
b) Combine el cacao, el azúcar glass y el agua hasta que quede suave.
c) Llovizna sobre cada parfait.

91. de arándanos y durazno

Hace: 8

INGREDIENTES:
- 6 tazas de duraznos frescos, pelados y rebanados
- 2 tazas de arándanos frescos
- 1/3 taza más 1/4 taza de azúcar moreno claro (manténgalo separado)
- 2 cucharadas de harina de almendras
- 2 cucharaditas de canela, divididas
- 1 taza de avena de cocción rápida
- 3 cucharadas de margarina de aceite de maíz

INSTRUCCIONES:
a) Precalienta el horno a 350 grados Fahrenheit.
b) combinar arándanos y melocotones en una fuente para horno.
c) Combine 1/3 taza de azúcar morena, harina y 1 cucharadita de canela.
d) Agregue los duraznos y los arándanos para combinar.
e) Mezcla la avena, el resto del azúcar moreno y la canela restante.
f) Corta la margarina hasta que se desmorone y luego espolvorea sobre la fruta.
g) Hornee por 25 minutos.

92. Helado de calabaza sin azúcar

Hace: 6

INGREDIENTES:
- 15 onzas de puré de calabaza casero
- ½ taza de dátiles, deshuesados y picados
- 2 latas (14 onzas) de leche de coco sin azúcar
- ½ cucharadita de extracto de vainilla orgánico
- 1½ cucharaditas de especias para pastel de calabaza
- ½ cucharadita de canela molida

INSTRUCCIONES:
a) Mezclar todos los ingredientes hasta que quede suave.
b) congelar por hasta 2 horas .
c) Vierta en una heladera y procese .
d) Congele por otras 2 horas antes de servir.

93. Postre frutal helado

Hace: 6

INGREDIENTES:
- Lata de 14 onzas de leche de coco
- 1 taza de trozos de piña congelados, descongelados
- 4 tazas de rodajas de plátano congeladas, descongeladas
- 2 cucharadas de jugo de lima fresco
- pizca de sal

INSTRUCCIONES:
a) Forre una cacerola de vidrio con film transparente.
b) Mezclar todos los ingredientes hasta que quede suave.
c) Llene la cazuela preparada a partes iguales con la mezcla.
d) Antes de servir, congelar durante unos 40 minutos.

94. budín de aguacate

Hace: 4

INGREDIENTES:
- 2 tazas de plátanos, pelados y picados
- 2 aguacates maduros, pelados y picados
- 1 cucharadita de ralladura de lima, finamente rallada
- 1 cucharadita de ralladura de limón, finamente rallada
- ½ taza de jugo de limón fresco
- ⅓ taza de miel
- ¼ de taza de almendras picadas
- ½ taza de jugo de limón

INSTRUCCIONES:
a) Licuar todos los ingredientes hasta que esté suave.
b) Vierta la mousse en 4 vasos para servir.
c) Refrigerar por 2 horas antes de servir.
d) Adorne con nueces y sirva.

95.soufflé de fresa

Hace: 6

INGREDIENTES:
- 18 onzas de fresas frescas, peladas y hechas puré
- 1/3 taza de miel cruda
- 5 claras de huevo orgánico
- 4 cucharaditas de jugo de limón fresco

INSTRUCCIONES:
a) Precalienta tu horno a 350°F.
b) En un bol, combine el puré de fresa, 3 cucharadas de miel, 2 proteínas y el jugo de limón, y presione hasta que quede esponjoso y ligero.
c) En otro bol, agrega las proteínas restantes y bate hasta que queden esponjosas.
d) Incorpora la miel restante .
e) Agrega suavemente las proteínas a la mezcla de fresas.
f) Transfiera la mezcla de manera uniforme a 6 moldes y a una bandeja para hornear.
g) Cocine durante unos 10-12 minutos.
h) Retirar del horno y servir inmediatamente.

96. Brownies de calabacín picantes

Hace: 20

INGREDIENTES:
- $1\frac{1}{2}$ tazas de calabacín rallado
- 1 taza de chispas de chocolate amargo
- 1 huevo
- 1 taza de mantequilla de almendras
- $\frac{1}{3}$ taza de miel cruda
- 1 cucharadita de polvo para hornear
- 1 cucharadita de canela molida
- $\frac{1}{2}$ cucharadita de nuez moscada molida
- 1 cucharadita de extracto de vainilla

INSTRUCCIONES:
a) Precalienta tu horno a 350°F y prepara una fuente para hornear.
b) Combine todos los ingredientes en un tazón y vierte la mezcla en el molde preparado .
c) Hornear durante unos 40 minutos .
d) Cortar en cuadrados y servir.

97. Pastel en una taza

Hace: 1

INGREDIENTES:
- 3 cucharadas de harina de almendras
- 1 plátano, triturado
- ½ cucharadita de polvo para hornear
- 1 cucharada de azúcar de flor de coco
- ½ cucharadita de canela molida
- Una pizca de jengibre molido
- Pizca de sal
- 1 cucharada de aceite de almendras, ablandado
- ½ cucharadita de extracto de vainilla orgánico

INSTRUCCIONES:
a) En un plato para mezclar, combine todos los ingredientes y revuelva bien.
b) Transfiera a una taza apta para microondas.
Cocine en el microondas a potencia alta durante unos 2 minutos.

98. Paletas de frambuesa y limón

Rinde: 6 porciones

INGREDIENTES
- ½ taza de frambuesas
- ¼ taza de crema espesa
- Jugo de ½ limón
- 20 gotas de Stevia Líquida
- ½ cucharadita de goma guar
- ¼ taza de aceite de coco
- 1 taza de leche de coco
- ¼ taza de crema agria

INSTRUCCIONES:
a) Bate todos los ingredientes con una batidora de mano.
b) Licue hasta que las frambuesas estén bien combinadas con los ingredientes restantes.
c) Cuela la mezcla, asegurándote de quitar todas las semillas de frambuesa.
d) Rellena los moldes con la mezcla.
e) Congela las paletas durante al menos 2 horas antes de servir.
f) Para desmoldar las paletas, pásalas por agua caliente.

99. Tapas para muffins de zanahoria

Rinde: 24 porciones

INGREDIENTES:
- 2 ¼ tazas de avena pasada de moda
- 1 taza de harina integral
- ½ taza de linaza molida
- 2 cucharaditas de canela
- ½ cucharadita de nuez moscada
- ½ cucharadita de bicarbonato de sodio
- ½ cucharadita de sal
- 1 taza de puré de manzana sin azúcar
- ½ taza de miel o jarabe de arce puro
- 1 huevo grande
- 2 cucharaditas de extracto de vainilla
- ¼ taza de mantequilla sin sal, derretida
- 2 zanahorias medianas, ralladas
- 1 manzana grande, rallada

INSTRUCCIONES:
a) Precalienta el horno a 350 grados Fahrenheit.
b) Forre dos moldes para hornear con papel pergamino.
c) Combine la avena, la harina, la linaza, la canela, la nuez moscada, el bicarbonato de sodio y la sal en una fuente grande para mezclar.
d) Combine el puré de manzana, la miel, el huevo y el extracto de vainilla en un recipiente mediano. Derrita la mantequilla y agréguela a la mezcla.
e) Combine los componentes húmedos y secos revolviendo. En un tazón grande, combine las zanahorias y las manzanas ralladas.

f) Coloque la masa en una bandeja para hornear preparada y aplánela con una medida de $\frac{1}{4}$ de taza.

g) Hornee durante 14-15 minutos o hasta que esté ligeramente dorado y listo. Deje enfriar antes de servir.

100.Pastel de postre de durazno

Rinde: 10 porciones

INGREDIENTES:
- ⅔ taza de Splenda, granulada
- ⅓ taza de azúcar
- 1 taza de harina
- 2 cucharaditas de polvo de hornear
- 1 taza de leche descremada
- Dos latas de 14 onzas de duraznos rebanados endulzados con Splenda
- 4 cucharadas de tarrina light de margarina

INSTRUCCIONES:
a) En una fuente para hornear de 9 x 13", derrita la margarina.
b) En un recipiente para mezclar, mezcle la Splenda, el azúcar, la harina y el polvo para hornear.
c) Incorpora la leche descremada hasta que esté bien combinada.
d) Coloque el resto de la margarina sobre la mezcla en la fuente para hornear.
e) Vierta los duraznos sobre la masa.
f) Hornee durante 30-35 minutos a 400°F.

CONCLUSIÓN

Gracias por acompañarnos en esta encantadora aventura. Que el conocimiento y la inspiración que has adquirido sigan llenando tu cocina.

¡Feliz cocina y feliz compartir!

www.ingramcontent.com/pod-product-compliance
Lightning Source LLC
Chambersburg PA
CBHW070649120526
44590CB00013BA/893